本书得到国家社会科学基金一般项目（批准号：17BZZ026）资助

供给侧结构性改革中

农地流转的政府行为与政策优化 研 究

尚旭东 ——— 著

中国农业出版社

北 京

图书在版编目（CIP）数据

供给侧结构性改革中农地流转的政府行为与政策优化研究 / 尚旭东著 . —北京：中国农业出版社，2023.12
ISBN 978-7-109-31628-7

Ⅰ.①供… Ⅱ.①尚… Ⅲ.①农业用地－土地流转－土地制度－研究－中国 Ⅳ.①F321.1

中国国家版本馆 CIP 数据核字（2024）第 018349 号

中国农业出版社出版

地址：北京市朝阳区麦子店街 18 号楼
邮编：100125
责任编辑：陈 亭 文字编辑：屈 娟
版式设计：李 文 责任校对：史鑫宇
印刷：北京印刷一厂
版次：2023 年 12 月第 1 版
印次：2023 年 12 月北京第 1 次印刷
发行：新华书店北京发行所
开本：720mm×960mm 1/16
印张：12.75
字数：215 千字
定价：68.00 元

前　言

　　肇始于 20 世纪 70 年代末以农地制度变革为内在因循的农村经营制度变迁，持久地将中国农业发展置于"试点＋成就＋问题＋改进＋推广"的改革框架中，由此也开启了持续不断的基本经营制度探索之路。事实上，对农村经营制度的不停歇探索本身就蕴含着持续变革的动力，探索和变革的焦点也从未脱离尝试借助"农业规模经营"加速发展现代农业的探讨与争鸣。多年来，政界、学界主流意识中一直存有对"小农经济"的无奈和对"规模经济"的期许，特别是伴随时下农地"三权分置"深入推进，引导土地经营权流转，发展规模经营基础上的现代化特色农业，成为各地应对经济社会发展"新常态"、契合农业供给侧结构性改革要求、保障国家粮食安全、助力乡村振兴战略、推动农业农村现代化等重大问题的共同愿景。农地作为一种稀缺的生产资源是农村经济社会发展的基本要素，各地在探索顺应城镇化进程加快、农业供给侧结构性改革背景下如何保障粮食供给安全、发展特色农业的同时，较为一致的观点和做法是加快土地流转、发展规模经营，让有实力、愿意务农、能够带来效益的主体经营更多的农地。在这样的认识和逻辑下，将农地这种最关键的要素以政府有所作为的方式进行适当的整理归集，变成了地方政府愿意为之且易出成效的重要行为。学界更多将农地流转地方政府行为称之为政府主导农地流转或者是基层政府主导农地流转。

诚然，基层政府主导农地流转的政策逻辑本身无可厚非，在多地农地保持细碎化的当下，生产要素的投入很难获得规模报酬，农地流转政府行为有其解决"谁来种粮"、提高农地配置效率和劳动生产率，发展"规模经营"的初衷。然而，政府如此行为选择过后，大规模农地经营能否保障土地产出率？引致的流转价格变动对保障国家粮食安全是否有益？大面积归集土地背后，承包户流转意愿与询价反应如何？由此对农地经营成本及主体后续经营行为产生怎样的影响？种种问题值得思考。疑惑与担忧之余，探究农地流转基层政府行为对土地流转双方行为选择、政策目标偏离、乡村治理等现实问题的影响格外具有实施乡村振兴战略和推进农业供给侧结构性改革双重背景下的现实意义。

课题由问题和隐忧切入，试图从农地流转政府行为产生的现实背景、逻辑因由、行为偏好入手，分析其政策工具、政策效应。重点从政府行为对流转市场分化及其要素流动、价格决定与成本变动机理，政府行为对供需双方交易策略、契约订立及行动预期的影响，"政府行为"和"市场配置"模式下农地经营成本、经营效益与要素贡献的差异三个层面，完成对农地流转政府行为效应的全面考察，进而提出兼顾政策目标、稳固政策效应的长效政策思路。遵循这样的研究逻辑，课题从农地流转各地政府行为的具体做法入手，剖析基层政府农地流转行为的现实背景、主要模式和逻辑因由，由此探讨基层政府农地流转行为的短期效应、内在局限、潜在风险和主要问题。进一步审视基层政府主导农地流转行为对土地要素市场、交易主体行为、转入方经营变化、交易主体社会福利、基本经营制度的影响，可从理论分析和实践验证两个维度考察。"理论分析"对由政府行为引致流转供需市场的分割变化、要素特征改变、市场均衡变化、经营成本变动、"地租乘数"作用，政府行为对转出方"交易策略""询价逻辑"的影响，转出方"议价策略"对转入方交易行为、行为预期和生产经营的影响，政府行为对小规模或分散农户经营规模和社会福利的影响，政府行为对中小规模农户土地产出率和边际生产率的影响，政府行为引致的大规模农地经营"去家庭化"现象等多个方面进行分析。"实践验证"一方面从测度政府行为引致转入方农地经营"成本弹性"变化角度，验证了"政府行为"和"市场配置"两种模式对转入方经营成本变动影响的差异；另一方面验证了补贴政策对小规模经营者或分散农户的"挤出效应"。本书基于以上分析，思考农地流转政府行为的症结与成因，提出优化政府行为、完善政策创设的思路、建议。

通过上述分析，课题研究得到如下结论：

一是供给侧结构性改革背景下农地流转政府行为形式多样，既有补贴激励、项目配套、规制设定和方式创新等，还有政策项目等多类型的手段。

二是农地流转政府行为偏好与实际工具选择存在偏差，由于目标的多元化，强制性特征工具偏好及其"应用惯性"决定了政策工具的创新空间有限。

三是供给侧结构性改革背景下农地流转政府行为在契合国家大政方针、放活土地等要素流动、培育新型经营主体等方面都发挥了积极而又显著作用。

四是农地流转基层政府行为易引发土地要素"非市场化"流动，干扰流转双方的投资决策和市场预期，政府行为极易破坏市场规则和要素合理配置。

五是农地流转基层政府行为易诱发规则内参与者"寻租"行为，引发"创租"效应，导致规制失灵，易引发乡村治理系列问题，得不偿失。

六是农地流转基层政府流转补贴政策不仅容易破坏公平的补贴主体环境，且容易诱致主体行为选择背离政策目标，这就背离了财政补贴政策设计初衷。

七是以追求收益最大化为目标的转入主体行为，在政府主导农地流转扩张阶段很难拟合政府推动供给侧结构性改革、保障粮食安全等公共政策目标。

八是农地流转基层政府行为易催生大规模农地经营"去家庭化"，既不利于经营主体健康发展，也无助于保障国家粮食安全战略目标的实现与维系。

农地流转地方政府行为之所以在行为结果和政策目标上发生背离，有其深层次原因：第一，简单将小规模、分散化农地经营弊端归罪于家庭经营（根源）；第二，热衷用所谓的工业化大生产理念谋划农地经营（主要动机）；第三，错误地将农业规模经营视作农地流转经营规模（直接影响）；第四，渴望通过机械化最大程度地实现规模效应和收入效应（行为动因）；第五，理所当然地认为只要扩大规模就能够明显提高劳动生产率（主要原因）；第六，政府行政干预行为扭曲了农地流转市场供求关系及其后续影响；

第七，农地经营"公益要求"与"公共政策"在目标设定上不统一；第八，对转变农业发展方式的"路径选择"在理解和设定上存在偏差。

基于上述原因的分析与思考，提出如下政策建议。

1. 政府行为改进（政策工具选择）和完善的优先方向。一是统筹考虑实施政策工具的环境，选择合适的政策工具组合。二是导入市场化政策工具，加强需求型政策工具应用，优化政策工具配置与组合。三是完善和创新政府政策工具，强化供给类与环境类次级政策工具内部优势互补，进而提升政策工具的应用效率：一方面，完善环境型政策工具细节；另一方面，优化供给型政策工具结构。

2. 优化政府行为与完善农业公共政策选择与服务机制。一是按照公共利益导向，确定农业政策目标；二是强化公共参与过程，优化政策制定程序；三是利用财政撬动金融，服务新型主体发展。

3. 夯实农田基础设施建设，完善平台建设与功能发挥。一是优化政府行为与完善农业公共政策选择与服务机制；二是按照公共利益导向，确定农业政策目标；三是强化公共参与过程，优化政策制定程序；四是利用财政撬动金融，服务新型主体发展。

4. 加强土地流转用途和主体监管，遏制非粮化、非农化用途。一是加强对土地流转用途和主体监管；二是强化流转矛盾纠纷调处风险化解；三是加快制订流转合同统一示范文本。

5. 建立健全农村土地流转的政府有效监管与服务机制。一是构建规范有序、健康稳定的流转机制，建立健全土地经营权流转市场；明确划分市场与政府农地流转中的作用边界；制订基层政府和基层干部服务农地流转的行为规范；加强基层政府引导支持，促进农地多方式、高效率流转。二是改善条件，扩充权能，推动形成农地适度规模的家庭农场区域化布局；加强耕地资源保护，改善农地基础条件；赋予土地经营权担保（抵押）融资权能；区域化布局经营适度规模农户家庭农场。三是优化引导政策，完善考评办法，最大限度地实现农地经营的公共目标。

6. 提升人力资本和创新组织模式，培育规范有序市场。一是进一步提升乡村产业人力资本水平；二是创新组织模式，培育规范有序市场。

7. 创新保险产品，强化金融支持，建立农村信用体系。一是创新流转履约保证保险和主体专项保险；二是综合多种政策加大对主体补贴信贷支持；三是建立农村社会信用体系和政策惩罚机制。

8. 坚决遏制耕地使用"非农化"，防止流转"非粮化"。一是发挥好土地流转监管服务职能；二是加强对规模种粮主体的政策支持；三是推动完善相关法律法规。

9. 加强法规宣贯，提升就业能力，创新利益联结机制。一是加大法规宣传，调动耕地保护各方和转入方积极性：一方面，加强普法宣传，提高保护耕地意识和引导流转用途；另一方面，加大对产权交易平台功能的宣传。二是加大对转出土地农户的转移就业培训和能力提升。三是创新土地流转方式，建立与农户紧密的利益联结机制。

10. 强化农村经营管理体系建设，加强土地流转的调研指导。一是加大农村经营管理体系建设；二是加强土地流转管理服务的调研。

目 录

问题的提出：
规模经营情结、流转规制愿景与公共政策目标

肇始于 20 世纪 70 年代末以农地制度变革为内在因循的农村经营制度变迁，持久地将我国农业发展置于"探索＋成就＋问题＋改进"的框架中，由此也开启了持续不断的现代农业发展探索之路（姚洋，2000；李厚廷，2015）。事实上，对农村基本经营制度的不停歇探索本身就蕴含着持续变革的动力和必然性，探索和变革的焦点也从未脱离尝试借助"农业规模经营"加速发展现代农业的探讨与争鸣（Siciliano，2012；黄季焜等，2012）。多年来，政界和学界的主流意识中一直存有对"小农经济"的无奈和"规模经济"的期许（贺雪峰，2011）。特别是伴随时下农村土地"三权分置"重大理论的提出与付诸实践，政府致力于通过引导土地经营权流转发展规模经营，在此基础上的现代农业，成为应对经济发展"新常态"、推进农业供给侧结构性改革、助力乡村振兴战略背景下现代农业建设、保障国家粮食安全、助力农民增收等问题的共同愿景（尚旭东、朱守银，2016，2017）。

土地作为一种稀缺的农业生产资源，是我国农村经济社会发展的基本要素之一。合理有序的农村土地流动，不仅有利于进城农户放心从事第二、第三产业，提高其财产性收入；而且有利于在村农户（新型农业经营主体）发展适度规模经营，提高农业经营性收入，优化土地资源配置，保障粮食安全和主要农产品供给（尚旭东，2016）。各地在探索适应农村劳动力转移背景下如何保障粮食供给、发展现代农业时，较为一致的观点和做法是，加快土地流转、发展规模经营，让有实力、愿意务农的主体去经营更多的土地。在农业供给侧结构性改革大背景下，这给了地方政府更多在土地流转领域改革探索的空间，一时间，各地为实现扶持新型经营主体进而发展现代农业，行动上青睐或更加依赖基层政府主导农地流转、打造规模主体的行为屡见不鲜，一些地方政府试图动用行政手段推动建立在土地集中流转基础上的规模经营，这使得当前大规模农地经营呈现出市场调节和政府干预"两手"并行的局面。

与此同时，不少地方因农民视土地为"养老谋生"和"务工不济"的托底和退路，更多时候需要当地政府出面推动流转，这使得一些地方出现了基层政府主导推进流转、片面追求流转规模和比例等现象。为此，中共中央办公厅、国务院办公厅联合下发了《关于引导农村土地经营权有序流转发展农业适度规模经营的意见》（中办发〔2014〕61号）[①]、《关于完善农村土地所有权承包权经营权分置办法的意见》（中办发〔2016〕67号）[②]等文件，旨在规范各地基层政府谨慎推动农地流转，避免盲目追求农地规模经营的"运动式"干预。

2003年3月1日起实施的《中华人民共和国农村土地承包法》（简称《农村土地承包法》）第33条规定"土地承包经营权流转应当遵循平等协商、自愿、有偿"的原则。2018年最新修正的版本再次明确了土地经营权流转应当遵循"依法、自愿、有偿，任何组织和个人不得强迫或者阻碍土地经营权流转"的原则。供给侧结构性改革背景下，农地流转政府行为的逻辑本身无可厚非，在许多地区农村土地保持细碎化的当下，生产要素的投入很难获得规模报酬，地方政府主导农地流转有其解决"谁来种粮"、提高农地配置效率和劳动生产率，发展"规模经营"的初衷。但基层政府行为过后，大规模农地经营能否保障土地产出率？高流转价格下的大规模经营对保障粮食安全是否有益？地方政府大面积归集土地背后，承包户流转意愿与询价反应（行为）又如何？由此对农地经营成本及主体后续经营行为产生怎样的影响？可能诱致哪些乡村治理问题和农业管理问题？种种问题值得关注和思考。"疑惑"与"担忧"之余，探究地方政府农地流转行为对土地流转双方的行为选择、政策目标偏离、乡村治理等现实问题的影响格外具有实施乡村振兴战略和推进农业供给侧结构性改革双重背景下的现实意义。正是在这样的背景下，作者试图探究供给侧结构性改革背景下农地流转的地方政府行为，分析这一政府行为的目标和效果，探视其正效应和负效应，审视存在哪些政策目标与政策效果的偏离，进而提出优化政策的具体路径和方法。全书在内容上分为11个部分。

---

① 资料来源：中华人民共和国中央人民政府网站，《中共中央办公厅、国务院办公厅印发〈关于引导农村土地经营权有序流转发展农业适度规模经营的意见〉》，网址：http://www.gov.cn/xinwen/2014-11/20/content_2781544.htm。

② 资料来源：中华人民共和国中央人民政府网站，《中共中央办公厅　国务院办公厅印发〈关于完善农村土地所有权承包权经营权分置办法的意见〉》，网址：http://www.gov.cn/xinwen/2016-10/30/content_5126200.htm。

第
一
章

文献回顾：
基层政府主导农地流转的逻辑、表征、成效与问题

供给侧结构性改革背景下，基层政府主导农地流转之所以受到推崇是有其行为逻辑的。在此逻辑下形成的共识、决策又推动了现有研究较多从政府行为的政策逻辑、政策手段、政策效应这些中微观维度进行探讨与争辩。

一、围绕政府行为背后"政策逻辑""驱动因素""角色定位"的探讨

（一）关于供给侧结构性改革背景下政府主导农地流转动机的理论分析

2016年中央1号文件明确提出，当前和今后一个时期我国农业农村经济工作的重点任务是推进农业供给侧结构性改革，这不仅有助于解决农产品有效供给问题，而且有助于提升农业全要素生产率和经营者的生产积极性（孔祥智等，2016）。但遗憾的是，我国农村土地市场的发展还有待健全，土地要素在供需两端都需要政府这只"看得见的手"的引导和适当调节，这成为供给侧结构性改革大背景下政府行为的重要出发点。

政府主导行为会对流转契约订立和交易行为造成影响，使得原有契约订立和交易呈现出"契约远期化、支付前期化、主体多元化"等变化和新特征。政府行为同样不可避免地带有某些局限性，如流转程序设置烦琐、信息交换平台缺失、服务职能职责不完善等。当前农村特定人地关系和社会经济背景下，政府在农地流转中不仅是裁判员，有时也是运动员。为避免"运动员"角色可能带来的侵权负效应，应对政府行为进行必要约束，着力发展由非政府中介组织主导的农地流转（常伟，2014）。在城镇化、工业化和农业现代化的多重背景下，地方政府往往借助行政组织、财政支持和政策倾斜等方式来参与农地流转的过程（翟黎明等，2017）。

为实现"社会福利最大化"目标，构建"公共型""服务型""市场型"政府，应是引导农地流转市场化进程中地方政府职能职责的核心所在（宋辉等，2013）。从"市场失灵"角度看，地方政府主导农地流转的原因主要有以下几点。一是目前我国农民土地流转的意识和能力较弱，农村地区通过规范化的市场途径配置土地资源的难度较大（马贤磊等，2016）。二是我国农民对土地的禀赋效应（钟文晶等，2013），当前农村社会保障体系还不够完善，土地仍将具有解决就业和社会保障的"刚性"功能（Ma et al.，2015）。同时，我国农户对农地的产权持有"准所有权"的态度（罗必良，2015），产权边界的认知模糊阻碍了农地产权交易的顺利进行，因此需要地方政府为农地市场发展提供稳固而又顺畅的制度框架。但是，如果"政府失灵"或者"市场失灵"同时存在，就难以回答政府行为的政策逻辑。然而，在明晰产权和发挥市场作用的前提下，引导农地有序流转进而有效衔接供需双方，仍然离不开政府的介入。一方面，现有一家一户分散的经营方式解决不了粮食增产和农民增收的问题，反倒是促成了对农村土地制度改革势在必行的期望；另一方面，基于家庭联产承包责任制的农地承包经营权的不完全性制约着农地流转市场的形成与发育，不利于解决我国"三农"问题的迫切需要（钱忠好等，2012）。

有一种观点认为，政府主导型农地流转的产生与政界、商界、学术界三界普遍认同城镇化进程深入、农村劳动力转移背景下的传统农业难堪"保粮增效"大任，特别是伴随传统农户兼业化已成趋势（冯海发，1988），务工收入增加致务农难堪"家庭收入"大任的形势下，认同兼业农户终将被专业农户或家庭农场等新型农业经营主取代不无关系（韩俊，1988；陆一香，1988；熊建勇等，1989；陈言新等，1989）。趋同的认识指向农机化率更高、农资采购成本更低（金高峰，2007）、商品粮供给率更高的规模经营主体（范爱军，2003），这使得改造传统农业的"归宿"绕不开农地规模经营（李燕琼，2007）。而农地规模经营的前提是"充分可获得的"集中且连片的土地（Wang et al.，1996），但依靠市场调配很难解决"集中连片程度高、流转交易频次少、合同有效期长"等规模经营对土地要素的要求（Feng et al.，2010），这为基层政府主导农地流转提供了看似"有理有据"的政策目标（田先红等，2013）。还有一种观点则从农地流转供给的"强弱关系"出发，认为在更为看重"亲缘关系"的农村社会，基于亲缘基础上的"强关系"（Granovetter，1985）所贡献的"信息广度""办事效率"和"结果预期"，往往本村（组）农户追求流转相比外来经营主体更具比较优势（Bian，1997），外来者仅凭流转高价格的单一"弱关系"很难实现"强关系"下的诸多便利和效果，这同样为基层政府主导农地流转，避免农地资源受"强关系"影响出现非完全竞争提供了正当理由与合理依据（常伟，2014；武舜臣等，2022）。

（二）关于地方政府的行为选择和驱动因素的分析

地方政府的外部行为和内部管理行为是行为研究的重点。外部行为主要研究地方政府依法执政的公共管理行为，是地方政府管理地方社会事务的行为；内部管理行为旨在研究地方政府各类管理行为之间的区别与联系，从而认识到内部管理的实施对地方政府职责完成的重要作用，其主要内容涉及两块：一个是对地方公务员的管理，一个是对地方财政的管理。政府经济学认为，政府行为的影响因素中，政府的"执行成本"是最重要的因素。政府收益基于政府成本，是对政府成本的回报，地方政府的行为在成本与收益的比较之下产生。在经济社会既定条件下，政府介入的预期收益大于或等于介入的预期成本是农地流转中地方政府行为有效性的衡量标准之一（宋辉等，2013），除此之外，也有"上级政府或中央政策的要求"这个重要的外生变量。

从行为选择上来讲，政府主导型农地流转表现为基于各级政府当地发展规划及当地发展的实际需要，农村土地流转的进程由政府等行政组织主导推动或者有意识地引导。其过程是乡（镇）政府（含村集体经济组织，全书同）统一管理农民的农地经营权，对农田基础设施进行修整和完善，再将农地发包给满足相应要求的经营主体，在此过程中，地方政府需要对农地流转市场及行为主体进行干预，从而矫正相关偏差，干预措施包括制定规模经营（土地流转）补贴、经营主体生产行为规则以及监管等政策（黄忠怀等，2016），农地流转所获红利要按比例对农户重新分配（刘鸿渊，2010）。基于此，"强制命令性"是政府主导型农地流转的最突出表征，流转主体多元化、流转规模较大等也是政府主导型农地流转的特点（于传岗，2012，2013）。在整个农地流转过程中，基层政府推动农地以统一的"垄断溢价"出租给新型农业经营主体，是承包农户获得收益的主要驱动力（张建等，2016）。在流转过程中，农户丧失土地流转决策的发言权，但能换来无需议价、稳定收益等闲暇，由此将更多的精力投入到务工等获得工资性收益等其他途径。因此，政府主导型农地流转是基本国情和农情在城镇化进程加快的历史阶段下的"中国化"的产物。

供给侧结构性改革背景下，农地流转的政府行为受到多方驱动。从中央政府角度看，中央制定农地流转相关政策，地方政府依据政策贯彻实施，但在实施过程中，地方政府往往结合自身实际选择合适的农地流转目标函数（吴杰华，2009），也就是所谓的"因地制宜"或者说借助贯彻落实政策"塞"些"私货"。从地方政府角度看，政府参与农地流转的主要目标是通过农地流转获取相关收入或者说贯彻落实中央政策要求，通过大规模土地流转来招商引资，进而从中获得投资报酬（马晓河等，2002）。地方政府参与农地流转行为后的一系列变化，形成了农地流转的一般路径，政府通过参与农地流转获得收益是农地流转的第二个过程，其加快了农地流转的速度、扩大了流转的范围和面积（赵德起等，2011）。从权利主体角度看，乡（镇）等基层政府介入农地流转的主要原因是"权利主体的缺失"（周晓唯等，2009）。从资源配置效率角度看，集体经济组织主导农地流转所形成的规模经营效益通常要高于个体农户零散对接流转下的收益，这使得集体经济组织（所有权主体）借助行政力量将农地流转给自治经营组织或者再次发包给农业企业、新型经营主体等规模主体，以寻求更高的收益，放大了农地流转的政府行为效应（杨玉敬，2013）。

（三）关于政府在农地流转中角色定位的研究

通过梳理上述文献可以看出，农地流转的过程相对复杂，需要多方主体的共同参与和协调配合（裴厦等，2011）。在农地流转的交易过程中，行为主体都是"自利"的，为避免在土地流转过程中产生外部性而对社会效益和生态效益产生负面影响，需要政府介入并发挥主导作用（王红婵，2012），但是这并不意味着政府可以无限制地干预，必须遵循一定的原则和底线（乐建辉，2005）。Macmillan（2000）认为土地应当被允许在市场上进行自由交易，但交易本身可能导致资源得不到"如愿的"合理配置，此时需要政府介入进而解决"市场失灵"问题。政府在农地流转中承担角色，但角色往往是多元甚至是变化的，不仅需要政府扮演相关制度创设、公共服务供给、市场秩序维护等管理者的角色，还要充当农民利益保护者的角色（席景奇，2013）。从政府的职能定位来看，在农地流转过程中，地方政府应当发挥保障市场交易、维护农民合法权益等职能职责（田宝玉，2004）。现实中，农地流转中的地方政府往往根据所处的层级扮演不同的角色，其中省级政府在农地流转过程中充当政策制定者，市级、县级政府在农地流转过程中一般充当主导者或者协调者，而乡（镇）政府往往在农地流转过程中充当服务者（吴越，2009）。

农地流转过程中，地方政府既充当农地流转的中介角色，作为牵头人，以行政组织、政策倾斜、资金支持等方式参与农地流转；又扮演着农地产权人的角色，履行组织协调职能，与规模经营主体协商农地流转价格、流转期限、面积及区域等内容，拥有农地流转决策权，可以决定农地流转的规模、参与的主体，与用地经营者签订农地流转合同。政府介入农地流转，保障了流转双方长期且稳定的合作，在很大程度上降低了土地转入方的交易成本和未知风险，有效弥补了市场机制下农地流转自身缺陷，具有积极的意义。但政府主导下的农地流转方式并非总是积极的，农户可能面临着非农劳动技能不足、社会保障体系不完善等内外风险的挑战（诸培新等，2015）。同时，政府又承担着农地流转推动者的角色，运用集中"半强制式"的行为动员农户签订农地流转合同，推动农地向合作社、种植大户、农业企业等主体流转（黄忠怀等，2016）。由于各地区在区位、发展历史等方面差异较大，政府主导的土地规模集中流转需要因地制宜。政府若无限制地强行干预，可能会引发乡村公共权力腐败和乡村社会矛盾，产生新的经济社会风险。因而，政府的干预应有限度，不能过度干预也不能放任不管（黄延信等，2011）。

在实际调研中，部分学者也发现，农地流转过程中存在因地方政府失职导致农地流转难以顺利实现的问题（席景奇，2013）。部分学者认为尚不清晰完善的土地产权制度为地方政府的"行为失范"提供了空间（段进朋等，2007），在农地流转过程中，政府部门的信息不公开、收益分配不合理等行为严重损害了农民利益和流入方权益（Chen et al.，2014；刘梦琪，2022）。

因此，在农地流转过程中既要发挥地方政府的引导作用，也要规范地方政府干预土地市场的行为，充分保障农民的权益（刘梦琪，2022；杨晨丹妮等，2022），重点是减少政府对农地流转的"不当干预"，政府应更多地以服务者和流转市场监管者的身份发挥应有的作用（黄贤金，2010）。

（四）关于政府主导型农地流转的影响研究

1. 农地流转政府行为对农业生产、土地要素市场和乡村治理的影响

2009 年中央 1 号文件关于土地流转服务的要求，为政府通过提供管理和服务参与土地流转开了口子，尽管中央要求较为严格，但地方政府主导型农地流转政策化、合法化，在全国多地呈现相互效仿和推广之势，学术界也逐渐关注政府主导型农地流转的若干问题（尚旭东，2016；尚旭东、朱守银，2017）。虽然政府主导型农地流转在全国多地出现，但关于政府主导型流转的成效与弊端，不同学者有着不同的看法。

"持肯定性观点"的学者认为，农地流转的政府行为对经营规模的正效应表现为以下几点。一是政府的主导作用有利于维持农村社会的稳定（王红婵，2012）。二是政府主导型农地流转具有流转面积大、效率高、涉及范围广等优势（于传岗，2012）。据调查，农业企业借助政府主导型土地流转所实现的农地经营规模，在一个县（市、区）域内可高达几千甚至上万亩*，有些甚至赶超了美国的农业企业土地经营水平（刘鸿渊，2010）。三是政府的主导作用可以增加农地经营权的稳定性，这使得转入方对农业生产的长期投资意愿和实际投入水平明显高于自发流转模式下的转入方（赵璟，2018）；同时，政府的行政作用可以显著降低农地流转的交易成本，从而有利于实现农地的规模化经营和专业化生产，有利于转入方持续扩大土地经营规模，实现规模经济效应，从而提高农户的收入水平（诸培新等，2015）。四是政府介入农地流转在增加农民收入、促进农业转型升级和提高现代化水平等方面有着积极的作用（张建等，2016；Feng et al.，2010）。

"持否定性观点"的学者认为，农地流转的政府行为不可避免带有负效应。由于政府的干预，流入方在农地流转面积、流转位置的选择上往往处于相对被动的地位（张建等，2016）。从生产效率角度来看，江苏省 6 个地市的调查分析显示，政府干预下的主体经营规模过大，导致其农地经营效率下降（王雪琪等，2018）。除此之外，因为政府主导的农地流转通常是以村或组为单位，农地流转决策遵循"少数服从多数"的原则，而并不是完全按照"依法、自愿"的程序进行，所以集体中不愿意流转土地的少数农户不得不服从集体统一安排。与此同时，政府主导型农地流转也容易造成有限财政资

---

* 亩为非法定计量单位，1 亩≈667 平方米。——编者注

源的过度占用和低效率配置（刘凤芹，2006；于传岗，2012；倪国华等，2015）。通过对 11 个国家现代农业示范区调研数据和资料进行分析①，发现农地流转市场中原本市场配置下的"供需均衡"因政府的行政介入变为更有利于"卖方垄断"的"供需失衡"，出现了政府行为与政策效应的偏离（尚旭东、常情，2016）。

　　与农地流转政府行为并行的还有"农户自发型流转"和"集体主导型流转"两类。农地流转政府行为表现出经营主体多元化趋势加剧、政府推动规模逐步扩大、费用支付渐进提前等表征（裴厦等，2011）。政府主导型农地流转短期内较容易实现规模的迅速扩张并带来一时的繁荣，但长期看较难持久维系。相反，主要依靠市场配置的农户自发型流转却有特有的流动活力和成本优势（郭晓鸣等，2010），政府主导型农地流转的短期繁荣不能掩盖其长期的新生问题（尚旭东，2016；耿宁等，2017）。

　　为发展现代农业，政府主导农地流转并借助财政补贴推进规模经营的模式属于"外生性刺激供给"手段（于传岗，2012），其短期效应表现为"流转契约长期化、费用支付前期化、主体特征多元化"等特征，但城乡收入"弱效应"的长期存在，磨平了政府主导型农地流转行为的正效应，加之城镇化拐点的提前出现，承包户对政府农地流转主导行为的"弱偏好"，从长期看难以为继。与此同时，随着中央政府对农地流转监管的日益增强，以及政府主导的"企业式"规模经营过于超前，加速了农地流转政府主导模式的衰败（于传岗，2011）。与此同时，由于拥有主导权，这一模式容易诱发"权力寻租"，背离"保粮增效""规模经营"的政策用意。现阶段基本国情和典型农情所决定的农户家庭中小规模经营仍有其"效率优势"（罗必良，2000），政府主导型农地流转所推动的农地规模经营未显示出可预见的"正向政策效应"（刘凤芹，2006；林善浪，2000；尚旭东等，2017）。与农地流转更强调"经济效率"并行的是，社会学者更关注其"社会功能"，认为农地流转是一件关乎"三农"问题的大事，处置妥当不仅关系农民生活保障，更关乎农村社会稳定和乡村振兴战略的落地，应避免"资本挤兑农户"，规模集聚造成农户经营权"名存实亡"、被迫"离土离农"等民生问题（陈锡文等，2002）。

---

　　① 资料来源：研究团队先后前往黑龙江、江苏、山东、湖北、江西、四川、新疆等地 11 个全国现代农业示范区调研农地流转政府行为。

2. 农地流转政府行为对主体种粮行为、国家粮食安全保障的相关研究

从已有研究结论看，大部分学者认为，农地流转有利于土地经营规模，继而对粮食生产和国家粮食安全有着积极的正向推动作用。当前，一方面，随着经营规模的扩大，土地流入方可以降低生产成本、提高产量；另一方面，经营规模的扩大对两大粮食作物（小麦和玉米）的增产作用显著，但对稻谷的增产作用则不那么显著（曹慧等，2017）。来自湖北省的跟踪调查则支持"流转有利于提升粮食单产"的判断（楼江等，2011）。陈洁等（2009）对种粮大户的跟踪发现，土地流转可以减少耕地抛荒，进而可以保障粮食的产出。近年来，政府通过规范农地流转行为、鼓励规模经营等，使粮食种植面积（规模）得到显著增加（王震等，2022）。

也有一些学者发现，农地流转对粮食生产和国家粮食安全保障带有负效应。土地流转可能改变农地用途，甚至"非农化"，进而影响粮食生产。由于种粮收益相对较低，尽管土地流转可以提高粮食单产水平，但也因种粮面积大幅减少，粮食总产量并未提升反而出现了降低（聂良鹏等，2013）。有学者认为，农户改变土地用途，导致"非粮化"趋势加重，长此以往将对保障国家粮食安全带来危害（刘琴，2014）；但也有学者认为，当前农地流转的"非粮化"现象并不一定对国家粮食安全产生构成实质性影响（沈曼，2014）。

3. 政府主导型农地流转对农户福利影响的相关研究

农地流转的目标之一就是提高农民收入。农地流转过程中，农户行为一般会受到自身条件和外部环境的联合影响，表现为"效用最大化"的"有限理性"（秦晖，1996；宋圭武，2002；程国栋，2005；高进云等，2007）。Sen（1983，1984）提出著名的"可行能力方法"对福利进行定义，对于"福利"衡量指标的选择，目前学术界并未形成统一的判断（杨爱婷等，2012），尤其"农户福利"的指标还要涉及农户的身体条件、幸福指数、生活环境等多方面的因素（Sen，2002；Anand 等，2005；王伟等，2013；上官彩霞等，2016）。

福利测度的方法有很多种，主要有以下几种方法：一是消费者剩余法，即"福利总和＝生产者剩余＋消费者剩余"，该方法的优点在于所需要的样本量不多；二是意愿调查法（即 CVM），即估算农户愿意为福利可能发生的改变而支付价值量，该方法主要用于测度"非经济福利变动"；三是计量模型分析法，如采用多重内生处理效应模型等来实证分析福利的变动幅度

（高进云等，2007；赵淑芹等，2011）。另外，还有一些学者在上述方法的基础上，尝试采用适应性动态模型和结构方程模型等（D'agata，2007；Krishnakumar et al.，2008）测度福利变化。李庆海（2012）选用农户收入、消费和资产总额对农户福利变化进行了测度。

以上研究多集中于个人福利层面，而为了全面了解农户在农地流转前后的"福利效应"变化，农户福利指标也需要将农户的居住条件、医疗和养老保障、幸福指数等生产生活的相关情况纳入测度范围。De Janvry et al.（1998）对农地流转中农户和村集体的福利的研究发现，拉丁美洲土地改革的目的不是为了提高农业竞争力，而是为了获取更多的土地。从提升农户家庭人均收入和降低贫困率方面看，陈飞等（2015）实证检验了农户在农地流转的福利效应；游和远等（2013）构建了转出农户福利的测度指标体系，运用结构方程模型证实了农地流转能够提高农户的收入水平，而农地流转对农户福利的负面效应表现在家庭成员健康和社会保障两个方面。

部分学者在综合上述研究的基础上测度农地流转对农户的福利增减效应。高进云等（2007）得出"土地流转使农户总体福利水平略有下降"，而不是预期的"福利水平上升"。与之相对的是，李庆海（2011）的研究则证实了"农地流转能显著提高农户的福利水平"。事实上，多数文献聚焦于农地流转后农户收入的变化。Deininger et al.（2005）认为农户自行实施流转土地能够显著提高他们的收入水平。薛凤蕊等（2011）分析鄂尔多斯市农地流转参与情况，发现参与流转后农户能够显著增加家庭总收入。李中（2013）分析发现，实施土地流转对农户人均纯收入、土地出租农户的人均纯收入以及非农就业人均纯收入具有显著的正向影响。张建等（2016）分析发现，政府主持农户土地流转能够显著提升农户的收入水平和非农劳动力配置效果。冒佩华等（2015）通过调研发现，相比于未参与农地流转的农户，参与农地流转的农户的总收入有着更大幅度的增加。

4. 政府主导型农地流转对"非粮化"的影响

关于农地流转与"非粮化"的关系，一些学者发现，土地流转并不必然导致"非粮化"，"非粮化"行为和现象具有较强的"情景依赖"。如家庭农场在土地流转规模较小时，"非粮化"经营比例较高，但随着土地流转规模的持续扩大，非粮作物的种植比例慢慢下降，此时主体更倾向于"回归种粮"（张宗毅，2015）。这一现象也被称为"趋粮化"，其形成既得益于农业生产社会化服务（托管服务）的不断发育（罗必良等，2018），也受农机化作业水平（农机技术发展水平）、家庭劳动力和资金禀赋、亩均固定资产投入（资产专用性）等因素的共同影响（曾雅婷等，2018；刘航等，2020）。

现实中，"非粮化"现象是有其行为逻辑和现实境遇的：一方面，对于自耕农或小规模流转农户，尽管种粮能够盈利，但"规模有限性"很难实现"总收益的最大化"，这促成了主体主动选择"非粮化"（蔡瑞林，2015）；另一方面，"非粮化"也是中央政府、地方政府、土地转出方和转入方"各方诉求博弈后均衡"的结果，被认为是"种粮"收益不足与"非粮"收益盈余下的"新剪刀差"（宋戈等，2016）。此外，家庭农场等新型农业经营主体"非粮化"程度也与各地区经济发展水平相关。普通农户"非粮化"程度除了与地区经济发展水平关系紧密外，还与农业生产条件变化密不可分（张藕香等，2016）。

从全国范围来看，不同地区"非粮化"行为及其逻辑诉求不尽相同（张藕香，2016）。东部地区家庭农场"非粮化"经营行为相对较多；中部地区尽管存在"非粮化"现象，但农户的"粮食生产惯性"及其主体地位的基本面没有动摇，在种粮规模、粮食经营占比等粮食安全保障方面的基础性地位作用一如既往；西部地区"以农为辅"的农户大多没有放弃种粮（种菜，把种菜也视为"大食物观"下的粮食安全保障之一），但兼业化会影响粮食产量及其商品化程度，或多或少对保障粮食供给安全造成影响，但影响不是根本性的。从影响因素维度上看，转入方式、合同批准单位、地区差异成为影响农户"非粮化"行为的主要因素；而户主年龄、耕地面积、非农收入比重、流转租金和地区差异是影响农户"非粮化"经营规模的重要因素（易小燕，2010）；与此同时，地方政府政策目标和主体行为动机的差异也是造成"非粮化"现象的重要原因（匡远配等，2018）。

二、针对政府主导型农地流转政策工具的探查

由于流转补贴政策属于政府主导型农地流转的主要经济行为之一，对其研究较多包含于审视政府行为目标与验证其政策效应维度（尚旭东、常倩、王仕权，2016）。

（一）农地流转补贴政策构建与政策实践的思辨

农地流转补贴政策是继粮食直补、良种补贴、农机购置补贴、农资综合

直补政策后，各地政府为顺应农村劳动力转移形势、维系国家粮食保障安全、发展农业规模经营所进行的一次政策创新，其政策设计应坚持依法、自愿、有偿和以农户为主体的原则，以推进"适度规模"经营为目标，杜绝"贪大求洋"倾向，对超过"适度"的规模不再给予补贴（肖大伟，2010）。流转补贴政策的实施，短期内加速了规模经营的形成，但其制度成本相对偏高，容易鼓励低效率经营，随着激励效应的边际递减，政策效果很难长期维系（马志远等，2011）。与此同时，补贴政策的持续实施，提高了转出方——承包户的"议价地位"，尽管有利于增加其财产性收入，看似有益于维护承包权，但无助于要素投入与总成本的下降，且可能面临租金溢价的"棘轮效应"（赵德起等，2011）。补贴政策不仅无助于转入方——规模经营主体"降成本"，且容易形成对小农户的挤出（黄祥芳等，2014），极易扭曲市场。长久来看，补贴政策应朝着培育流转中介服务组织（第三方机构）的方向转移和倾斜（李乾，2017）。

（二）发达国家通过补贴激励农地交易的经验借鉴

"人多地少水缺"的基本国情并非我国发展现代农业进程中的独有困境，一些发达国家早于我国也遭遇过土地细碎、交易不畅、地块分散等土地发展问题。德国政府自 20 世纪 50 年代起相继建立了农地长期租赁补贴、农户有偿退地补偿、资助有生命力的大农户等一系列推进土地归集、扶持主体发展的激励制度（张劲涛，2007）。英国政府及美国政府，采取了相对粗犷但有一定吸引力的"一次性赎买补贴制度"，鼓励小农场主将其土地转让给大农场主，推动土地要素向规模主体或者更大规模主体归集（熊红芳等，2004）。法国政府通过设立"非退休金补助金"，鼓励已过退休年龄的农场主退让（退出）土地，给予 55 岁以上农民一次性"离农终身补贴"，推动土地转让、扩大农场规模（杜朝晖，2006）。地广人稀的俄罗斯在推进耕地集聚上也实施了有关补贴优惠，对购置土地发展农业规模经营的大中型农工联合公司或农业龙头企业，给予适当补贴和相关税费减免等优惠（韩全会等，2012）。同处东亚、同样人多地少的日本则通过给予小农场主一次性补贴，推动土地向大农场主集中（范怀超，2010）。

（三）着眼政府行为"成就绩效"与"局限不足"的探析

农地流转的政府行为，或者说某种情形下，实际农地流转过程中，这种政府行为更多表现为基层政府主导农地流转，是有其短期正效应的。如降低流转交易费用、实现规模效益提升、稳定主体经营预期等（张建等，2016；杨广亮等，2022；占鹏等，2022）①。政府行为的负效应，一方面表现为转出户资源配置面临约束，土地要素配置效率和租金收入难以实现预期效果等（蒋省三等，2007；张永峰等，2022）。政府为发展现代农业主导农地流转并借助补贴政策推进规模经营的做法属于"外生性刺激手段"（于传岗，2012），"流转合约长期化、费用支付前期化、项目打造迅速化、主体特征多元化"等契合了政府行为的政策目标，具有一定的短期正效应，但"城乡收入弱效应"的长期延续，可能磨平了农地流转政府行为的正效应，加之"城镇化拐点"的预期提前，承包户对地方政府主导行为的"弱偏好"难以长期为继。与此同时，随着中央对农地流转监管的日益强化及基层政府主导流转后所想象的"工业化""企业式"经营模式相对超前，放大了模式效应，误导了发展模式（路径）的选择，可能加速基层政府主导模式的破产（尚旭东，2016；尚旭东、常倩、王仕权，2016；尚旭东、朱守银，2017），基层政府主导模式很难摆脱"虎头蛇尾"的宿命（于传岗，2011）。另一方面，由于政府拥有主导权，这一模式容易引发主管部门"权力寻租"或者"行为创租"（尚旭东、朱守银，2017），背离"土地流转贡献规模经营有利于保粮稳产"的政策目标（于传岗，2011）。相反，现阶段基本国情所决定的家庭小规模经营仍有其效率优势和蓄水池优势（罗必良，2000），基层政府主导流转实践未显现出可预期的规模化与农机化、降成本化、商品化产粮优势和劳动生产率的正向促进关系（刘凤芹，2006；林善浪，2000；尚旭东、常倩、王仕权，2016）。与农地流转更强调经济效率并行的是，社会学者往往更关注其"社会功能"，认为农地流转是一件关乎"三农"发展、乡村振兴战略的大事，不仅有农业，更要注重农村，处置稳妥不仅关系农民生活保障，更关乎农村社会稳定、农村基本经营制度，应避免工商资本挤兑普通农户、排挤真正务农主体，规模集聚造成农户经营权名存实亡、有权无利、被迫"离土离农"等民生问题（陈锡文等，2002）。

---

① 说明：关于农地流转政府行为的"成就绩效"问题，文献回顾第一部分"一、围绕政府行为背后的'政策逻辑''驱动因素''角色定位'的探讨"中的"4. 关于政府主导型农地流转的影响研究"已有梳理总结，这里不再赘述。

（四）已有文献缺口与本书的切入

已有文献极大丰富和深化了农地流转中政府行为的有关研究，加深了对农地流转中政府行为的理解，相关成果得到有效应用。然而，也应看到，现有研究较多集中在政府行为的政策逻辑形成、政策效应梳理等中观层面，有关结论的得出主要基于对流入方的调查反馈。不可否认的是，政策效应的有效发挥与微观层面政策手段的运用密不可分，这是理清政府行为与其政策逻辑、政策效应作用机理的关键所在。遗憾的是，现有聚焦于基层政府如何实施政策手段，特别是对设定规制等微观层面的研究相对很少，"前有车后有辙""盐打哪里咸、醋打哪里酸"，无论是围绕政府政策逻辑，还是着眼政府政策效应，都离不开也不能忽视对政策手段（实施）的聚焦和洞察，否则很难从根本上扭转政府职能的越位、缺位、错位和失位。与此同时，农地流转的政府行为的形成与实施经历了几个阶段，供给侧结构性改革实施前，恰逢菜籽、玉米临储收购政策稳定执行，小麦最低收购价稳中有增，经济作物种植市场价值被高估的良好市场预期时期；供给侧结构性改革实施后，上述政策有些已取消，有些逐步调整，粮价下跌、经济作物不稳定、政策断档等外部冲击考验着政策手段的前期效应与流入方后期的行为选择。2019 年后，中央对农地用途"非粮化""非农化"的管制趋紧，此时农业供给侧结构性改革背景下的农地流转政府行为，也由先前的"政策不活"到"政策放活"，再到"政策严管"调整转变，但这样的过程相对复杂，前述研究没有涉及时间变量跨度。此外，判断基层政府主导流转是否有效的最终归宿应聚焦于微观层面的农地经营绩效和流出方农民的福利效应，而衡量经营绩效的重要指标之一是"成本效应"和"农户反应"，这使得借助测度"成本效应"审视基层政府行为成效和"主体评价""农户评价"成为一种"切入"，遗憾的是，现有研究尚未涉及。特别是聚焦全国大范围、多样本这样农地特征较为突出地区的政府行为，尚未全面覆盖。还有，围绕农地流转政府行为手段的研究，已有研究较多聚焦于规模、成本、利润、权利等"非主体"要素，对关系国家粮食安全战略的核心要素——新型农业经营主体和潜在新型农业经营主体的研究涉及甚少。尽管时下各级政府致力于通过"调结构、转方式、促转型"等深化农业供给侧结构性改革，但基本国情和典型农情决定了今后较长一段时期内我国粮食供需将长期处于"紧平衡"状态，这决定了保障国家粮食安全必将是一项长期任务，没有为数众多的"内生型"发育成熟的稳定种粮主体（规模种养主体），很难肩负起"稳粮产""保粮安"的历史重任。这使得探求"契合"政府补贴发展农业规模经营与兼顾新型经营主体培育，成为必须要"合并思考"的问题，特别是对于前端的农地流转政府行为的探索。遗憾的是，现有文献鲜有涉及这些问题。针对上述文献缺口，本书将从农地流转政府行为的政策逻辑、政策路径、政策目标出发，剖析政府行为引致农地流转市场变化和要素流动配置，进而比较"市场配置"与"政府主导"两种模式下的经营绩效、农民反应、路径依赖与政策评价，最后提出既能"契合"政府的政策目标，又能长期兼顾政策效应的政策优化措施。

第三章　供给侧结构性改革背景下农地流转概况：
基于面上的调研分析

2015 年底，中央农村工作会议首次提出了农业供给侧结构性改革，此后 7 年中央 1 号文件、党的十九大报告等系列重大政策文件都明确要求要坚持并深入推进农业供给侧结构性改革。自 2016 年以来，各地各级政府在引导农地（耕地）流转顺应农业供给侧结构性改革过程中，农地流转基本情况怎样？具有哪些新现象、新特征、新趋势？借助 2020 年 1 月底农业农村部调查土地经营权流转等问题的机会，研究团队就供给侧结构性改革中农地流转政府引导土地流转基本情况进行了全面调研。2020 年 3 月 10 日，研究团队收齐了 31 个省（自治区、直辖市）的调研反馈。

一、土地经营权流转基本情况

调研涉及全国 31 个省（自治区、直辖市）的 97 个县（市、区、州、旗），农村集体耕地总面积 9 265.93 万亩，涉及承包农户 943.24 万户，家庭承包耕地总面积 7 383.17 万亩，家庭承包耕地总面积约占集体耕地总面积的 80%。从省级层面看，农村土地承包经营权确权登记颁证率至少在 95%（甘肃、河南），最高超过 99.8%（云南），上海、吉林、山东、湖北、西藏等多省份超过 99%，绝大多数省份确权登记颁证率在 97% 以上，农村土地承包经营权确权登记颁证工作彻底、成效显著。

（一）出租（转包）是主要流转方式，入股合作社占比高

调研的 97 个县（市、区、州、旗）中，家庭承包耕地经营权流转总面积 3 319.1 万亩，其中出租（转包）2 807.9 万亩、入股 225.1 万亩、其他方式流转（不包括代耕代种）286.1 万亩，占比分别为 84.6%、6.8%、8.6%，出租（转包）仍是目前最主要的流转方式。入股方式中，入股合作

社 150.1 万亩，占比 66.7%；入股企业近 19.9 万亩，占比 8.8%；入股家庭农场等其他主体 55.1 万亩，占比 24.5%，入股农民合作社成为入股方式的绝对大头。其他流转方式中，主要是互换、转让和确利流转。

（二）多数流转双方签订合同，整村（组）流转规模可控

调查中，流转出承包耕地经营权涉及农户总数 503.4 万户，其中，全部流转农户 19.4 万，占流转出农户总数的 3.85%。签订流转合同总数 303.9 万份，合同流转总面积 2 375.2 万亩，占家庭承包耕地经营权流转总面积的 71.6%，表明多数流转为规范的合同流转。整村流转的行政村数量 1 323 个，整组流转的村民小组（不含整村流转的行政村所辖组）数量 6 348 个，整村（组）流转涉及农户数 62.8 万户，整村（组）流转承包耕地面积 329.7 万亩，占家庭承包耕地经营权流转总面积的 9.9%，整村（组）流转总体规模可控。

（三）流转入农户、家庭农场、农民合作社三类主体成为主要对象

从流转入主体类型看，流转入农户、家庭农场、农民合作社、农业企业、其他主体的承包耕地面积分别为 1 279.1 万亩、642.3 万亩、750 万亩、424.5 万亩、223.2 万亩，分别占家庭承包耕地流转总面积的 38.5%、19.4%、22.6%、12.8%、6.7%。流转入农户、家庭农场、农民合作社面积合计占比超过 80%；流转入家庭农场、农民合作社面积合计占比达 42%，超过流入农户的面积占比，明显高于流入农业企业的面积占比，说明三类主体已成为规模流转入的主要对象。

（四）流转用于种植粮食作物已是经营权流转首要用途

从流转用途看，流转用于种植粮食作物、经济作物和其他用途的承包耕地面积分别为 2 091.7 万亩、817.2 万亩、410.2 万亩，分别占流转承包耕地总面积的 63.0%、24.6%、12.4%，显示近年来随着农业供给侧结构性改革不断深入推进，流转耕地用于种植粮食作物已然是流转经营的主要用途。流转用于种植粮食作物面积中，家庭农场和农民合作社流转种粮面积占比相当，均接近 1/3，农业企业流转种粮面积占比近 7%，其他主体流转种

粮面积占比超过 1/4。

（五）5 年内为流转期限主要选择，1 年内多为口头流转

从流转期限看，5 年以下、5～10 年、10 年以上的承包耕地流转面积分别为 1 715.1 万亩、832.6 万亩、771.4 万亩，占流转承包耕地总面积的51.7％、25.1％、23.2％。显示流转期限主要以 5 年以下为主，这其中，流转期限 1 年及以下的流转面积占流转期限 5 年以下流转面积的近 1/3（32.3％），流转方式主要以本村熟人间"口头约定"为主。流转期限超过10 年的，是否超过二轮承包期限，是否符合《农村土地承包法》有关规定，需要继续调查核实。

（六）流转价格受地力、区位、用途、主体因素影响较大

从流转价格监测看，97 个县（市、区、州、旗）总体平均流转价格（本县平均）为 654 元/亩·年。按主体划分，流转入农户、家庭农场、农民合作社、农业企业的平均流转价格分别为 535.1/亩·年、592.9/亩·年、665.6/亩·年、775.1/亩·年。土地流转价格变动呈现流向农户最低，流向家庭农场、农民合作社居中，流向企业价格最高的主体递增趋势。土地流转价格既由地力条件、设施条件、区位条件决定，还受流转对象、流转渠道、流转用途影响，而且流转土地越集中连片、规模经营化程度越高，流转价格也越高。

（七）绝大多数主体经营规模不足 50 亩，超 200 亩占比低

从主体经营规模数量看，经营 50 亩以下、50 至 100 亩以下、100 至200 亩以下、200 至 500 亩以下、500 亩及以上面积的主体数量分别为 309.6万个、7.7 万个、4.2 万个、2.8 万个、0.9 万个，占流转经营主体总数的95.2％、2.4％、1.3％、0.9％、0.3％，显示绝大多数主体流转耕地经营规模在 50 亩以下、50 至 100 亩以下的主体数量占 97.6％，100 至 200 亩以下的主体数量占比接近 99％。

（八）多数县级行政区设有农村产权交易市场或服务中心

从市场建设情况看，90％以上被调查县（市、区、州、旗）建有县级农村产权交易市场或服务中心，承接流转承包耕地总面积 375.5 万亩，占流转

耕地总面积的 11.3%。从安排承包耕地经营权流转风险保障金方面看，23.7%（23 个）县级农村产权交易市场或服务中心可以提供，提供风险保障金额合计 1.44 亿元。从开展承包耕地经营权融资担保方面看，43.3%（42 个）县级农村产权交易市场或服务中心已经开展，提供融资担保余额28.91 亿元。

二、土地经营权流转市场和制度建设情况

从调研情况看，多省（自治区、直辖市）围绕土地有序流转、适度规模经营、工商资本租地、非粮非农化遏制、流转风险防范、抵押贷款管理、合同签订管理、三权分置政策完善、集体经济合同管理、土地经营权证试点管理、确权登记颁证试点方案、产权（流转）交易市场建设等内容，搭建起一整套互有分工、各有重点、相互搭台、监管成网的农村土地经营权流转市场和管理制度体系。

（一）经营权有序流转、适度规模经营培育制度初步建立

1. 引导土地规范有序流转政策体系初步确立

从调研情况看，各地高度重视规范农村土地经营权流转工作，把贯彻落实《关于引导农村土地经营权有序流转发展农业适度规模经营的意见》作为指导土地经营权流转工作的重要依据，制定省级意见，推动市（州）、县（市、区）逐级落实，初步构建起省（自治区、直辖市）、市（州）、县（市、区）逐级下沉、监管明晰、支持明了、奖惩明确的三级联动政策体系。天津、河北、山西等 29 个省（自治区、直辖市）出台了省级引导农村土地经营权有序流转、发展农业适度规模经营、加快农业产业化发展、促进农业农村现代化的指导意见，重点明确规范流转行为、加强土地用途管制、扶持规模主体发展、健全社会化服务等具体要求。宁夏追加制定了《关于进一步加强全区农村土地规范流转工作十条措施》。浙江、江西、山东、河南、广西、重庆、四川、贵州、云南等地印发了完善农村土地所有权、承包权、经营权分置办法的实施意见。上海 9 个涉农区全部出台落实意见，安徽 16 个地市中 13 个市、80%县（市、区）出台落实意见并安排财政引导资金，通过"真金白银"支持，有力推动土地流转和规模经营发展。

2. 坚守底线、细化要求和创新方式多措并举

引导土地经营权有序流转的底线原则之一是坚持依法、自愿、有偿，以农民为主体。各地在贯彻落实中，既坚持尊重农民主体地位，不搞"大跃进"、不搞强迫命令、不搞行政瞎指挥底线，又注重细化工作要求、夯实政策落实质量，同时鼓励各地结合自身实际，创新流转形式，推动土地经营权流转规范有序。上海、江苏、江西、重庆等地统一农户土地经营权流转委托书格式，要求集体组织流转必须经农户同意、自愿委托，进入产权交易市场公开交易。河北、山西、江苏、浙江、重庆等地组织修订了农村土地经营权流转合同示范文本，要求所有期限超过1年的流转必须签订书面合同。江苏苏州太仓指导村集体牵头成立合作农场，农民以土地、劳力、资金等自愿入股，实行统一管理，定产量、定成本、定报酬、定奖赔。徐州睢宁依托农民专业合作社和农业专业服务公司推行农田托管，为农户提供统一生产经营服务。

3. 开展土地综合整治同步完善配套设施用地

各地注重提升耕地地利条件、增加配套设施用地，提高土地经营收益。浙江、安徽等地通过整合财政资金，引导社会资本参与，开展高标准农田建设，促进规模化、宜机化经营。江苏南通创新"先流转后建设"高标准农田建设方式，将需要平整的耕地流转给村集体，整村推动耕地连片整理。甘肃、宁夏、新疆等地引导农户在集体经济组织内部互换并地，实现承包地集中连片，解决土地碎片化问题。江苏下发《关于规范设施农业用地管理支持设施农业健康发展的通知》，明确各类设施用地面积依据生产规模确定，作物种植类附属设施用地规模原则上控制在设施项目用地总规模的5%，最多不超过10亩。

4. 加大奖补力度、推动规范流转、防止撂荒

从调研情况看，多地注重借助财政奖补，因地制宜激励主体长周期、成规模、稳定有序流转，防止土地撂荒，推动农业规模经营。河北迁安出台《农村土地流转财政奖励项目管理办法》，对集中连片流转50亩以上，流转期限5年以上，且主要用于种植、养殖以及农业园区建设的，给予一次性奖励100元/亩。山西太原小店对流转合同手续完备、集中连片经营面积100亩以上且签订长期流转合同，进行都市农业产业发展项目的主体，从政策、资金、技术上给予扶持，集中流转100～300亩的，给予500元/亩·年流转奖励，奖励3年；集中流转300～500亩的，给予500元/亩·年流转奖励，奖励5年；流转500亩及以上的，除给予500元/亩·年连续5年流转奖励外，项目启动后还一次性给予 40 万奖补资金。安徽合肥对单个流转主体受让土地 1 000 亩、2 000 亩、3 000 亩，租金 500 元/亩·年以上且流转期限满 3 年的，分别给予每亩 100 元、150 元和 200 元一次性奖励。湖北秭归对集中连片经营 1 000 亩以上，签订 3 年以上流转合同的主体给予一次性补助。广西 8 亿多元补贴早晚稻规模化种植。通过压实责任、加强考核等措施鼓励新型主体流转土地种粮和开展复耕，全自治区耕地撂荒面积从 2019 年的 59.61 万亩减少到 2020 年年底的 32.96 万亩，减少撂荒 26.65 万亩。

（二）用途管制、主体审查、引导机制风险防控基本覆盖

1. 建立土地用途管制制度

吉林、上海、江苏、浙江、四川等地出台制止耕地"非农化"、防止耕地"非粮化"、稳定发展粮食生产的意见或任务分工，对流转土地占用永久基本农田种植苗木、草皮等用于绿化装饰以及其他破坏耕地耕作层的植物，乱占耕地从事非农建设、乱占耕地建房、设施农地改变农业用途等进行全面清查整治。贵州建立"厅长包片、处长包县"工作机制，将 9 个市（州）、88 个县（区）分成 6 个片区，组建 6 个由 1 名厅级领导带队的指导组，每位厅级领导负责督导一个片区，每位处级干部负责督导一个县，严格审查流转用途，定期检查土地用途，制止耕地"非农化"，防止耕地"非粮化"。江西、山东、湖南等地规范农业设施用地使用与管理，要求设施农业经营者和农村集体经济组织、承包农户签订设施农业用地协议，防止改变农业用途或用于非农建设。

2. 建立主体行为审查机制

辽宁、江苏、福建、江西、山东、河南、湖南、重庆、四川、贵州、云南、陕西、宁夏等地印发《关于加强对工商资本租赁农地监管和风险防范的实施意见》。加强对工商企业等社会资本租赁农地的监管，对租赁农地审查、分级备案管理、风险保障金安排等作出明确规定，引导工商资本租赁农地发展适合企业化经营的现代种养业。

3. 建立引导机制防范制度

江苏、浙江、江西等地转发《关于做好整村流转农户承包地风险防范工作的通知》，提出整村流转必须经土地流转交易平台或相关产权交易平台交易、土地流转合同备案制度、土地流转规模上限预警制度等整村整组流转管理服务配套制度建设要求。山西下发《关于切实做好整村流转农户承包地风

险防范工作的通知》，指导市、县做好整村流转风险防范工作，切实化解矛盾纠纷。

4. 建立流转价格定价机制

江苏依托大数据按季度持续发布土地经营权流转价格指数，引导合理确定流转价格，推广"实物计租、货币兑现"核算办法，建立"先付租后使用"租金预付制度，减少经营主体违约风险。

5. 创新应用履约保证保险

四川崇州开展土地流转履约保证保险，保额 1 000 元/亩·年，费率 3%左右，政府补贴 50%保费、流入方承担 40%保费、流出方承担 10%保费。江苏泰兴 2020 年 286 个土地流转主体参加履约保证保险，缴纳保费 175.84万元，有效降低了镇、村两级行政风险。

6. 完善流转纠纷调处机制

各地贯彻落实《中华人民共和国农村土地承包经营权纠纷调解仲裁法》，已建成覆盖所有地市（州）、60%以上县（市、区）的农村土地承包纠纷仲裁委员会，依法开展土地经营权流转纠纷仲裁，为土地经营有序流转保驾护航。

（三）农村土地经营权流转市场建设体系完备、多级覆盖

1. 建设产权流转交易市场政策体系越发完备

江苏牵头制定《农村产权流转交易信息平台建设与维护》和《农村产权流转交易服务通则》两项国家标准，推进产权交易市场规范化建设；黑龙江颁布《黑龙江省农村产权交易管理办法（试行）》；山东印发《关于引导农村产权流转交易市场健康发展的实施意见》；云南下发《关于建立和完善农村产权流转交易市场的意见》。

2. 线上线下多级联动的交易市场基本覆盖

辽宁、浙江、安徽、湖北等地开发全省统一联网、信息互联互通、省市县乡四级联动的农村产权交易信息服务平台，推动各地农村产权交易实体市场发展，实现涉农乡镇全覆盖。安徽印发《关于推进农村产权流转交易市场建设的实施意见》，制定《安徽省农村土地经营权流转交易市场运行规范办法》，推动形成以合肥、芜湖、黄山为中心的区域性农村产权流转交易市场；同时，以市、县为重点，以乡（镇）为基础，推进互联互通、区域联动的土地流转交易市场建设，全省 81 个涉农县（市、区）土地经营权流转交易平

台全部建成。河北建成省、市、县（市、区）三级农村产权交易流转中心155个。江苏全面推广线上流转交易，探索开展流转合同网签试点，提高土地流转的效率和透明度，江苏74个县（市、区）开通线上交易，射阳以农业农村部土地流转合同网签试点为契机，完成全国首笔土地流转合同"云签约"，形成合同网签"13311模式"。四川成都农村产权交易所眉山所推出土地流转"政府＋企业＋银行＋交易＋担保"金融服务，实现产权交易2 532宗，累计交易金额37.79亿元。山西太原晋源给予农村产权流转交易中心"线上交易"每亩1 000元补贴，线下交易不予补贴，确保经营权流转公开透明、程序规范。

（四）出方案、选试点、拓渠道推动经营权融资担保实现

1. 出台经营权融资担保试点方案

天津、山西、辽宁、吉林、山东、江苏、河南、湖北、广东、四川等地出台了农村土地经营权抵押贷款试点工作方案。浙江在个别市、县已率先开始出台土地流转经营权管理和抵押担保的政策，全省承包土地经营权抵押贷款余额约30亿元。

2. 选择土地经营权融资担保试点

四川温江、蓬溪、苍溪等10个县（市、区）率先在全国开展土地经营权抵押贷款试点，累计贷款余额21.05亿元。河北迁安、任丘、平泉、阜城开展土地经营权融资担保试点，融资担保金额分别为336.2万元、376.9万元、159万元、120万元。上海金山、青浦、奉贤等地开展农村土地经营权抵押融资担保试点，开展抵押融资业务157笔，融资金额3亿元，涉及土地3万亩。

3. 拓宽土地经营权抵押融资渠道

江苏创新土地流转"互联网＋交易鉴证＋他项权证＋抵押登记"抵押融资模式，拓宽经营主体融资渠道；对接蚂蚁金服、微众银行、江苏银行等金融机构，利用流转交易数据开展普惠金融服务，将新型经营主体信贷上限额度从30万提至100万，已开展土地经营权抵押融资9 500笔，发放贷款超75亿元。

三、存在的主要问题

从调查情况看，土地经营权流转与社会化服务发展总体平稳有序，但在

市场建设、功能发挥、用途引导、主体诉求、政策支持、管理保障、体系建设等方面仍存在一些问题。

（一）交易层面：流转市场不健全与流转意愿不充分并存

1. 流转市场建设不充分，功能发挥有限

在平台建设层面，一方面，省级统一交易市场建设滞后。除上海等少数发达地区建立省级统一的流转服务市场外，多数省份统一的省级流转服务市场还未建立。另一方面，市、县级交易市场建设缓慢。云南仍有昭通市、曲靖市、西双版纳傣族自治州、德宏傣族景颇族自治州、怒江傈僳族自治州、迪庆藏族自治州、临沧市 7 个州（市）还未建设农村产权流转交易市场，占所有地州的 43.8％；保山市、楚雄彝族自治州、普洱市、丽江市各只有 1 个县（市、区）建立了县级农村产权流转交易市场。新疆只有 1 个地（州）级农村土地流转交易平台、19 个县级农村土地流转交易中心、190 个乡（镇）级土地流转服务场所。

在功能发挥层面，首先，交易数量有限。多省份反馈，农村产权交易市场总体交易量不大，有些甚至空转，部分地区产权交易市场处于停滞状态。天津被调研三区通过产权交易市场公开交易的流转面积占比仅为 1.53％、13.94 和 0.41％，通过产权交易市场流转的土地规模明显低于实际交易量。其次，交易效率不高。交易市场在信息发布、咨询服务、合同服务、地价评估等方面不能满足实际需要，土地流转供求信息要么找不到发布渠道，要么供需双方很难实现有效对接，"流不出"与"转不进"并存，既难以将有流转意向农户的土地集中起来，又难以满足新型经营主体用地需求，距建设集信息发布、产权交易、法律咨询、资产评估、抵押融资等为一体的综合性服务平台目标仍有差距。最后，定价机制缺失。由于未能解决流转供需双方信息不对称问题，流转价格时常带有随意性和盲目性，多数时候是流转双方自行协商，导致流转价格要么偏低、要么虚高，一定程度上影响流转交易的有效性。

在社会影响层面，群众认知程度较低。虽然部分县（市、区）、乡（镇）建立了农村产权交易中心、村一级也明确了有关职能职责，但群众知晓率和认知度不高，对交易平台在供求信息发布、流转管理监督、合同签订备案等方面的服务要么不了解，要么了解不够。

2. 不按规定范本签合同私下交易常发生

多地反映，尽管流转双方签订流转合同，但很多合同都是经营主体和农

户自行拟定的，既未使用规定的合同范本，也未到村集体或乡（镇）农经部门备案，双方权责利未能得到很好保护。而一旦出现纠纷，流转双方又会找到村委会或乡（镇）政府调节处理。个别地方流转合同毁约现象时有发生，少数主体因经营不善放弃流转"跑路"，既不付租金又不恢复耕地原状。黑龙江土地流转合同签订率为 72.7％，但仍有 1/4 以上采取口头协议。山东、福建、河南、湖北、云南、宁夏等地农户间自发口头流转面积仍占全省土地流转面积的很大部分。

3. 收益不高、惜地情节等拉低流转意愿

部分丘陵较多、耕地较少的省份，流转价格普遍在 200～400 元/亩·年，湘西土地流转均价不足 100 元/亩·年，较低的价格很难调动农民土地流转积极性，加之种粮受自然灾害影响大、效益低，一些农民既不愿意自己种地，又不想流转。新疆南疆四地州土地流转率在 5％以下，土地流转还处于农民自发流转初级阶段。北方传统农区，农民安土重迁、勤力农亩，大多选择"忙时回家耕种，闲时外出打工"的耕种模式，不少农民一方面认为土地是最后的保障，一方面为避免不必要麻烦，宁愿粗放种植或让亲友免费耕种，也不愿流转给他人。

（二）经营层面：非粮化、非农化经营与高溢价时有发生

1. 土地流转"非粮化""非农化"现象偶有发生

由于种粮补贴有限，有些地方未直补到种粮主体，加之粮价多年维持在 1.3 元以内，造成流转土地种粮收益不高。据反映，多地流转土地亩均种粮的净利润仅为 210～230 元/亩，广西等地的种粮合作社甚至零利润，只能靠补贴维持，由此造成越来越多的流转土地用于种植经济作物，有些水田甚至种植果树。海南水稻种植 1 年 2 造甚至 3 造，农民一般只种 1 造，其他时段自种或流转种植火龙果、芒果、槟榔等经济作物。陕西 70％以上的流转土地用于发展设施农业、特色种植、规模养殖和休闲农业等。北京流转土地种粮占比仅为 13.2％，其他用途高达 72.5％。广东流转土地种粮比例较低，广州增城、阳山流转土地种粮面积占比仅为 25.24％和 16.34％。

2. "非粮化""非农化"经营引发高流转溢价

北京市 2020 年农地流转主要用于发展经济林木，监测平均价格为 1 457 元/亩，比环京周边土地溢价 40％。

（三）发展层面：政策影响、替代效应与流转动力和诉求

1. 产业发展受限，主体观望情绪滋生

前些年，林果业和特色设施农业的高利润将土地流转价格推高。2020年国务院办公厅出台《关于坚决制止耕地"非农化"行为的通知》《关于防止耕地"非粮化"稳定粮食生产的意见》后，各地林果业发展用地受到严格限制，已流转约定的高价格难以迅速回调，造成一方面准备流转土地发展高效种植的主体因利润空间压缩，而变得畏手畏脚；另一方面，已流转土地准备发展设施农业和林果业的主体，对合同约定的涨价机制产生忧虑，要求跟随经营内容适时调整流转费用。

2. 流转与社会化服务间存在替代效应

多地土地流转以出租（转包）方式为主，尽管农户能获取租金收入，但与流转主体间缺乏利益联结机制。与此同时，随着农业社会化服务不断发展，特别是"订单式""菜单式""保姆式"生产托管服务渐渐被农民认可接受，农民可在不流转土地情况下解决耕种问题，流转土地的积极性也慢慢下降，一定程度上使流转规模、流转速度呈现增幅放缓甚至略有停滞的趋势。

3. 主体对合法权益保护愿望越发强烈

从调研情况看，一些地区在前期签订的流转合同中，更多保护了农民权益，设施农业和林果业经营者前期资金投入较大，担心合同到期后不能合理续签，特别是对合同中"要求恢复耕地原貌"的表述产生越来越多忧虑。当前，各级政府和集体组织向经营主体承诺，并帮助做好群众工作为普遍现象，经营主体对通过法规保护合法权益的愿望越发迫切。

（四）主体层面：主体融资瓶颈约束、配套设施建设不足

1. 主体融资瓶颈长期存在

当前，尽管多地金融部门落实政策对土地经营权抵押融资给予了一定支持，但远未能满足实际需求，农业生产融资难问题尚未完全破解，业主不但在项目发展前期面临巨大资金压力，流转后还需要承担较大经营风险。黑龙江、安徽、河南、湖北等粮食主产区家庭农场、农民合作社流转土地后面临的突出问题是资金不足，特别是贷款难、贷款贵。江西被调研三地中，只有丰城开展土地经营权融资担保业务，贷款额也仅有 50 万元。

2. 配套建设用地有缺口

流转土地发展现代农业需要建设晒场、仓库、冷库、分拣包装中心等配套设施，虽然多地出台了支持配套建设用地政策，但因各地情况不同，实际政策落实不到位，未能完全满足流转主体的用地需求，致使农产品晾晒、储存和农机具存放等存在困难，导致部分中小规模经营主体生产的农产品仅在当地销售，一定程度削弱了新型经营主体流转土地的积极性。

（五）政策层面：交易市场建设与主体支持政策尚有不足

1. 农村产权交易市场建设落实不到位

中央要求各地整合资源，依托各类平台建设农村产权流转交易市场。各地在贯彻落实政策过程中，要么市场建设层次较低、要么未建成或未启动（如海南只有三亚建有产权交易服务中心），多数尽管建成但还未实现互联互通，市场功能发挥不足，影响了土地流转资源配置效率。

2. 对流转种粮经营主体支持保护不够

调查反映，东部平原、黄淮海地区正常年份种粮亩均收益最多也就是500～600元。目前，多数地方农业支持保护政策是"谁的田补贴谁"，而非"谁种地补贴谁"，加之种粮没有其他补贴，流转种粮主体继续种粮的动力不足。

（六）管理层面：平台缺失、监管与风险防范机制不健全

1. 中介平台缺失与功能发挥不够充分

当前，尽管各地农村土地承包经营权确权登记颁证工作已完成，但不少土地确权数据库建设和信息平台建设未能及时跟进。虽然部分县、乡建立了土地流转信息服务平台，但很多职能交由农业综合服务中心或经济发展中心承担，还未形成真正意义上的农村土地流转中介组织，导致信息发布欠缺、信息传递不畅、流转服务不到位。土地流转链条不完善，信息始终处在"小流转"困局中，缺乏"请进来、走出去"的"大流转"媒介。甘肃乡（镇）一级农经机构只有427个，占乡（镇）总数的34%，其中单独建站的仅占8.6%，综合建站的仅1/4。湖北京山既未建立县级产权交易服务中心，也未开展承包耕地经营权融资担保，仅设立128万承包耕地经营权流转风险保障金；秭归尽管建立县级产权交易市场，但未设立承包耕地经营权流转风险保障金。

2. 监管不到位、风险防范体系不健全

多地尽管出台了一系列引导规范土地经营权流转的政策措施，但在执行中存在落实不到位、打折现象。前置审查质量不高，让部分不符合规定的工商企业进入流转市场，出现了因流转主体经营不善拖欠农户流转费用的乱象。一些村集体在土地流转过程中扮演了"中转站"角色，将农户土地统一流转后再转包经营主体，当经营风险追偿无果后，村集体被迫成为"债务人"，以集体资金支付农户流转费，增加了村集体负担，损害了村民集体利益。在天津调查的三地中，只有宝坻建立了工商企业等社会资本通过流转取得土地经营权的风险防范制度，并明确了事前、事中、事后监管责任。在山东调查的三地中，虽然结合实际建立了履约保证保险、风险保障金和项目池等风险防范制度，但对于工商企业租地，只有对问题的被动化解，尚未建立主动的、前置的、准入的审查审核制度。

（七）保障层面：机构队伍弱化，职责功能难以有效发挥

多地反映，尽管部分被调研的县、乡设立了土地流转服务中心，但由于人员紧张、经费没有保障、承担业务多等原因，特别是机构改革后，人员更换频繁，工作队伍稳定性不强，一些乡（镇）撤销了农经机构，使得农村土地承包、农村土地流转等业务的日常管理和服务有时难以到位。

（八）社会化服务体系建设：能力不足与功能发挥不充分

从调研情况看，当前农业生产社会化服务体系在以下 6 个方面存在不足。在组织运行上，相当一部分服务组织处于初期发展阶段，人才缺乏、兼业经营与能力不足并存，缺乏成熟的制度规范，管理机制松散、责任分工不明、章程制度虚设。在服务对象上，多地社会化服务组织还不能完全匹配服务对象，尤其是小农户的需求。公益性农业社会化服务体系建设头重脚轻，乡村一线技术力量薄弱。在服务领域上，农业社会化服务组织以农机合作社为主，服务内容较多集中在耕、种、收环节上，"防"的环节上稍有不足，向粮食烘干、仓储物流、果蔬、养殖等行业延伸得仍然不够，提供产后销售、信息技术、农村金融和农业保险服务明显滞后。在服务区域上，一方面，跨区域服务能力有待提升，服务区域主要集中在社会化组织所在地，对周边地区辐射带动能力欠缺，能做到跨区域全程托管服务的组织仍然较少。另一方面，丘陵、山地区域服务难度大，在一些以山地、丘陵、沟壑为主的

地区（如云南、贵州、重庆、陕西），由于地块细碎贫瘠、适用机械缺乏，一定程度上造成农业生产托管服务难以大面积开展。在联结农户上，受制于小农户经营规模小、地块分散等现状，社会化服务成本高，服务组织为小农户提供服务的动力不足、意愿不强、服务质量不高，小农户与现代农业的有机衔接不够。在支持政策上，部分地区在服务指导、规范管理、宣传推广等方面未能给予服务组织有力的政策支持，对服务组织在产品仓储、机库棚建设等农业配套用地配套上支持不够，个别地方税费、用地扶持政策难以落实。

第四章

供给侧结构性改革背景下农地流转政府行为：

逻辑因由与行为偏好

农地流转是提高农地资源配置效率，实现农业生产集约化、专业化、组织化、社会化经营，进而提高农业生产率并促进农民增收的有效途径。中央政府长期致力于引导农地流转，多次提出地方政府要加强土地承包经营权流转管理服务，加快健全土地经营权流转市场，提高资源配置效率。自 2016 年开始，中国农业发展进入了政策推动农业供给侧结构性改革的大背景下。2016年中央 1 号文件强调"推进农业供给侧结构性改革，加快转变农业发展方式"，其后的中央 1 号文件多对此予以明确。在此背景下，各地贯彻落实中央要求，围绕农地流转中的八仙过海、各显神通，普遍采取了经济手段、行政手段、创新流转模式等多种方式和政策组合，其政策逻辑可以概括为"通过多种政策组合促进土地等要素的流转归集，进而发展基于土地流转基础上的规模化、组织化、专业化的现代农业"。政策手段更多表现为经济政策、行政政策、奖励政策、配套政策等。其中，经济手段主要有对土地流入方的补贴（规模经营）政策、围绕转入方农地经营的相关金融政策（抵押、担保、保险等）等。行政手段主要有针对农地流入方的主体培育政策、流转价格竞标机制设计等。创新流转模式主要有将信托模式引入土地流转、推动土地股份合作（组织）等。还有通过完善基础设施提升土地产能和产出效率，进而推动农地流转等配套政策。研究团队通过广泛调研，将供给侧结构性改革背景下对农地流转中政府行为的政策逻辑与行为偏好（6 种偏好）总结如下。

一、农地流转中政府的逻辑因由与行为偏好：基于省级政策文本的分析

（一）理论基础与分析框架

政策工具是连接政策目标与政策效应的桥梁，政策工具的选择、组合与

运用对政策目标的实现具有决定性影响，能够反映政策制定者和执行者在解决某些具体问题时的管理特点与管理能力。因此，政策工具已经成为分析政府治理行为的重要手段。政策工具分类是政策工具理论的基础，当前对于政策工具的分类研究，比较有代表性研究成果主要包括：M. Howlett 等将其分为"自愿性工具""强制性工具""混合型工具" 3 种；R. Rothwell 等将其划分为"环境型""供给型""需求型" 3 类；L. M. McDonnell 等基于政策工具的"目的"将其划分为 4 类，包括"命令型""激励型""能力建设型""系统变化型"。

在上述政策工具分类研究中，较多学者选择 R. Rothwell 的分类办法来研究土地相关问题（向超等，2021；匡兵等，2018；林耀奔等，2019；吕晓等，2021）。借助已有研究成果，将土地流转的政府政策工具分为"环境型政策工具""供给型政策工具""需求型政策工具"，并以政策工具为基础拟定农地流转次级政策工具的"含义"及"类型"。具体来看，环境型政策工具是指政府发挥外部环境的激励和渗透作用，在外部营造间接有利于农地流转的良好环境条件，包括目标规划、金融税收、管制监督以及策略性措施等；供给型政策工具指的是政府通过直接向实施对象提供有利于推动农地流转的人力、资金、基础设施、信息技术、用地保障、公共服务以及法律服务等要素供给，为政策落地提供有力的政策保障；需求型政策工具指的是政府采取措施引导各类主体有序参与政策的实施，如在土地托管服务以及农业公益性服务方面推进政府采购或者服务外包，开展家庭农场、农业社会化服务以及土地集约经营试点示范，在土地承包经营权确权登记颁证工作经费、仲裁工作经费、社会保障等方面实施补偿补助，等等，通过实施需求型政策工具可以有效引导各类主体发挥能动性，从而为政策实施消除发展障碍、提高实施效果（表 4 - 1）。

表 4 - 1　农地流转中地方政府选择政策工具的分析框架

政策工具类型	基本内涵	政策工具名称	次级政策工具的政策含义
环境型政策工具	政府采用规划、税收、金融、管制以及监督等政策为农地流转提供良好外部环境	目标规划	对农地流转作出总体规划，包括定性目标与定量目标
		金融税收	通过融资、保险、税收优惠等措施为农地流转提供较好的财税环境

（续）

政策工具 类型	基本内涵	政策工具 名称	次级政策工具的政策含义
环境型 政策工具	政府采用规划、税收、金融、管制以及监督等政策为农地流转提供良好外部环境	管制监督	通过完善法律法规、部门规章、考评标准等措施，强化对不良农地流转行为的管制与监督
		策略性措施	通过鼓励改革创新、引导等手段营造良好的农地流转外部环境
供给型 政策工具	政府通过改善农地流转相关要素的供给，推动农地经营权有序流转	人才支持	对涉及农地流转的专业大户、家庭农场、农业企业经营管理者和返乡创新创业农民等相关人才的支持
		资金投入	通过农业综合补贴、项目资金、土地流转专项扶持资金、粮食生产专项资金和补贴等资金投入，对农地经营权流转的相关环节予以资金支持
		基础设施建设	政府在耕地保护、农田水利设施、高标准农田建设、粮食烘干、农机场库棚以及仓储物流等基础设施方面进行投入
		信息技术支持	政府在农村土地承包经营权确权登记、颁证、应用等信息系统方面的建设投入
		用地保障	政府对新型农业经营主体进行农地流转后的生产经营，进行配套辅助设施建设用地支持
		公共服务	政府在农村土地流转服务中心、良种种苗统育统供、病虫害统防统治、测土配方统测统配、农机作业统耕统收、粮食烘干存储以及农业（水利、林业）技术推广、动植物疫病防控、农产品质量安全监管等公共服务方面的支持
		法律服务	政府在农村土地承包仲裁委员会、标准化仲裁场所、仲裁庭等土地承包纠纷调解仲裁体系方面的建设
需求型 政策工具	政府扶持和培育与农地流转改革相关的服务以及试点项目，对农地流转目标的实现发挥拉动作用	政府采购/ 服务外包	政府通过购买农业公益性服务以及引导相关组织开展土地托管服务，培育市场需求
		试点/示范	开展示范家庭农场创建活动、农业社会化服务示范创建活动、土地集约经营示范县创建活动等
		补偿/补贴	在土地承包经营权确权登记颁证工作经费、仲裁工作经费、社会保障等方面给予补偿补贴

（二）政策文本选择

本书主要从政策工具视角来研究地方政府参与农地流转行为偏好与逻辑因由，如前面理论分析所述，政策文本是政府实施政策工具的重要体现，为此本书重点基于省级政策文本进行分析。考虑到我国各省份在推进农业农村发展过程中都出台过相关政策文本（如省级1号文件、农业农村发展规划、落实具体政策的意见等），而这些农业政策文本中都可能涉及政府参与农地流转的相关内容。因此，为了保证分析的科学性和严谨性，本书将重点以各省份根据中共中央办公厅、国务院办公厅印发的《关于引导农村土地经营权有序流转发展农业适度规模经营的意见》（中办发〔2014〕61号）中所制定的本省份政策文件为分析样本，之所以选择该政策文本为省级政策文本选择的基础，主要出于如下考虑：一方面，此文本由中共中央办公厅、国务院办公厅印发，是围绕农地流转的最高级别中央文件，界别上仅次于"中发"和"国发"文件，因此具有绝对的权威性；另一方面，在此文本出台后，各省（自治区、直辖市）都依据此文件配套出台了本省（自治区、直辖市）的政策文本。由于具有统一参照标准，更便于分析不同省份政府政策工具应用的差异性。其中，各省份政策文本主要源于相应省份的政府官网，由于部分省份政策文本并未在其官方网站披露，限于资料的可获得性，最终获取了18份政策文本，从设计地域分类看，基本覆盖了东、中、西、东北4个地区，具有区域性、整体性和代表性。基于此，对获取政策的文本进行编码，具体编码如表4－2所示。

表4－2　18个省级政府（东、中、西、东北地区）引导农地
流转政策文件名称汇总

编号	政策文本名称	文件号
1	《关于加快农村土地经营权流转促进农业适度规模经营的意见》	冀政办〔2014〕6号
2	《关于做好农村土地承包经营权流转工作引导发展适度规模经营的意见》	晋政办发〔2010〕32号
3	《关于引导农村牧区土地草原经营权有序流转发展农牧业适度规模经营的实施意见》	内党办发〔2015〕41号
4	《关于推进农村土地承包经营权流转促进土地集约化经营的实施意见》	辽政发〔2014〕10号

（续）

编号	政策文本名称	文件号
5	《关于引导农村土地经营权有序流转发展农业适度规模经营的实施意见》	吉发〔2015〕4号
6	《关于积极引导农村土地经营权有序流转促进农业适度规模经营健康发展的实施意见》	苏办发〔2015〕3号
7	《关于引导农村土地经营权有序流转促进农业现代化建设的若干意见》	浙委办发〔2015〕31号
8	《关于引导农村土地经营权有序流转发展农业适度规模经营的实施意见》	皖办发〔2015〕17号
9	《关于规范引导农村土地承包经营权流转发展农业适度规模经营的意见》	赣办发〔2014〕18号
10	《关于引导农村土地经营权有序流转发展农业适度规模经营的实施意见》	鲁办发〔2015〕20号
11	《关于规范引导农村土地经营权流转积极发展农业适度规模经营的实施意见》	鄂办发〔2015〕25号
12	《关于引导农村土地经营权有序流转发展农业适度规模经营的实施意见》	湘办发〔2015〕58号
13	《关于完善农村土地所有权承包权经营权分置办法发展农业适度规模经营的实施意见》	琼办发〔2017〕30号
14	《关于进一步引导农村土地经营权规范有序流转发展农业适度规模经营的实施意见》	川委办〔2015〕10号
15	《关于落实农牧区土地"三权分置"加快推进农牧业经营方式转变的意见》	藏党办发〔2018〕28号
16	《关于引导农村土地经营权有序流转发展农业适度规模经营的实施意见》	甘办发〔2015〕16号
17	《关于规范农村土地经营权流转的实施意见的通知》	宁党办〔2015〕44号
18	《关于进一步引导农村土地经营权有序流转发展农业适度规模经营的实施意见》	新党办发〔2018〕64号

（三）政策文件编码

将采用"内容分析法"对所获得的政策文本进行分析，该方法是从政策文本中提炼政策工具的有效方法（江亚洲等，2020）。具体分析方法如下：首先，将政策文本内容按照前述政策工具含义划分为不同细分内容；其次，按照"政策文本编号→内容所在章节→具体内容"编码规则对所划定的细分内容予以编码，如"1—1—2"表示政策内容分析单元来源于"编号为1的政策文件"中"第1章节"下的"第2条细分内容"；最后，形成农地流转政府行为政策文本内容分析单元编码表，共完成683条内容分析单元的编码（表4-3），考虑到文章篇幅所限，表中仅列示部分编码结果。

表4-3 农地流转中省级政策文件内容分析单元编码表（部分列示）

编号	政策文本名称	政策文本内容分析单元	编码
1	关于加快农村土地经营权流转促进农业适度规模经营的意见	省、市相关部门要建立专项督查和情况通报制度，加强督促检查	1—1—2
2	关于做好农地流转工作引导发展适度规模经营的意见	依法开展权属清晰、风险可控的农用生产设备、"四荒地"使用权等抵押贷款和应收账款、仓单、可转让股权、专利权、商标专用权等权利质押贷款	2—5—5
3	关于引导农村牧区土地草原经营权有序流转发展农牧业适度规模经营的实施意见	采取政府主导、相关部门共建的方式，建立健全自治区、盟（市）、旗（县）、苏木（乡、镇）、嘎查（村）五级联动的土地草原流转和资源资产资金管理一体的产权交易管理信息平台	3—3—3
	…… ……		
18	关于进一步引导农村土地经营权有序流转发展农业适度规模经营的实施意见	探索构建以农技推广机构、农业广播电视学校、中高农业职业院校等为主体，农业科研院所、农业大学、农民合作社和农业企业等广泛参与的高素质农民教育培训体系	18—5—7

（四）政府行为选择的偏好分析

通过对省级政策文本进行内容分析发现，各省份在推进农地流转过程中综合运用了"环境型""供给型"和"需求型"3种政策工具，在一定程度上促进了本地农村土地经营权的有效流转。然而，对文本内容进行编码并予以量化统计分析显示，这3种政策工具的使用频次存在显著差异（表4-4）。其中，环境型政策工具使用次数最多，约占总次数的49.34%；供给型政策工具和需求型政策工具使用次数分别约占总次数38.07%和12.59%。显然，环境型政策工具在农地流转政府行为中占据着主导地位。"次类政策"工具中，环境型政策工具中的"管制监督"和"金融税收"的使用次数最多，分别占总次数的17.42%和16.84%，而使用次数最少的是需求型政策工具中的"政府采购/服务外包"和供给型政策工具中的"信息技术支持"，分别占总次数1.76%和1.90%。

表4-4　农地流转省级政策文件政策工具使用频次统计表

政策工具类型	政策工具名称	数量频次		占比（%）	
环境型政策	目标规划	44		6.44	
	金融税收	115	337	16.84	49.34
	管制监督	119		17.42	
	策略性措施	59		8.64	
供给型政策	人才支持	45		6.59	
	资金投入	51		7.47	
	基础设施建设	45		6.59	
	信息技术支持	13	260	1.90	38.07
	用地保障	25		3.66	
	公共服务	66		9.66	
	法律服务	15		2.20	
需求型政策	政府采购/服务外包	12		1.76	
	试点/示范	52	86	7.61	12.59
	补偿/补贴	22		3.22	

1. 政府偏好环境型政策工具的可操作性欠佳

在整个政策工具体系中，环境型政策工具的占比为49.34%，在政策组合工具中居于主导地位，这反映出省级政府期望为农地流转营造良好外部环境的政策愿景，但是与其他两类工具相比，存在"使用过溢"或者"过度依赖"的可能。其中，"管制监督"和"金融税收"的使用次数较高，分别占环境型政策工具中的比例为35.31%和34.12%。但是，"管制监督"在工具层面可能带有负向政策激励，虽然对土地"非农化""非粮化"问题起到一定的遏制作用，但当政策工具落实到基层政府时，基层政府出于谨慎考虑或者情况多变的无奈，很可能选择"一刀切"的做法，这反而影响了土地有针对性的流转。"金融税收"政策工具对激励相关主体参与土地流转具有积极作用，但是部分主体如家庭农场、农民合作社等，由于缺乏合法的抵押担保资产，实际上很难真正享受到"金融税收"政府福利。

2. 供给型政策工具运用虽适中，但工具自身缺乏前瞻性

供给型政策工具在整个政策工具体系中占比38.07%，在整个政策工具体系中处于中间位置，这反映出供给型政策工具在农地流转政策工具体系中的运用比较稳定。但是次级政策工具还有一些不足：一是"信息技术支持"和"法律服务"在供给型政策工具中占比仅为5%和5.77%，相比于其他供给型政策工具仍处于劣势，从而影响政策工具效率和政策效应的实现；二是随着农地流转的不断推进，近年来围绕农地流转纠纷和耕地保护的事件日益增加，2016—2019年全国范围内的涉农地案件整体呈上升趋势，从2016年的16万余件增至2019年的21万余件（孙晓勇，2021），其中农村土地流转纠纷一直占据着主要地位。

同时，农地流转主体对信息平台和数据建设的需求持续增加，信息技术又是农村土地确权登记颁证、农地流转信息化实现的有效手段（匡远配等，2021），而这两类工具在供给型政策工具中占比仍然偏低。

3. 需求型政策工具运用偏少

需求型政策工具有利于降低市场的不确定性，但遗憾的是，在整个政策工具体系中，需求型政策工具占的比例只有12.59%，明显低于其他两种政策工具，这会抑制市场的需求导向，进而影响农地流转的推进效果。从需求型政策工具内部结构来看，"试点/示范项目"占"需求型"政策工具的比例为60.47%；而"政府采购/服务外包"和"补偿/补贴"这两项政策工具的运用次数相对较少，占比分别为13.95%和25.58%，限制了"政府采购/服务外包""补偿/补贴"在拉动社会主体进入农地流转市场方面的作用。这与农地流转的政策目标初衷很难契合。

（五）政府行为选择的逻辑因由

政策工具选择依据是指政策工具选择的原因和选择的方法，分为有效性和合理性两大类。其中"有效性"包含技术是否具有可操作性、过程是否可控制、方法手段是否有效，而"合理性"则更加注重目的和结果是否具有公平正义（杨华等，2015）。

1. 对象多元化与目标多重性决定了政府流转政策的选择需要多元化的工具

由于政府在农地流转过程中要面临不同类型的主体，同时需要达成的政策目标也不尽相同，这就需要丰富多样的"政策工具箱"。

具体来看，一方面，政策工具组合使用的偏好体现出一定的路径依赖特征。如完善的土地流转市场不仅需要资金投入、人才支持、基础设施建设等供给型政策工具为土地流转市场提供生产要素，同时还需要依靠政府采购、服务外包以及试点示范等需求型工具创造良好的市场需求，此外还需借助金融税收、管制监督等环境型政策工具发挥规范约束和监督管理的托底性作用，这是政府自上而下治理路径导向的直接结果。另一方面，政策工具组合发挥最大化效应的前提要满足两个基本条件：能够有效降低单一使用政策工具的偏差和实现优势互补。如果单一依靠政府供给相关要素，发挥供给型政策工具效应会导致财政压力和效率较低；如果让需求型政策工具参与其中，能够提高市场资源和效率意识，有效弥补供给型政策工具存在的缺点。此外，供给型政策工具和需求型政策工具须受到环境型政策工具的制约，须在一定目标规划引导下开展要素供给与市场培育行为；同时土地流转过程中还会遭遇不良主体的流转行为，此时也需要发挥环境型政策工具的管制作用。

2. 政策工具有效性促使政府偏好于选择带有强制性特征的政策工具，而较少使用带有市场化特征的政策工具

一方面政府会根据不同政策工具产生的直接效益进行选择，如环境型政策工具中含有目标规划、金融税收、管制监督等功能作用，这类工具能够借助政府资源，在实际操作过程中产生显著的实施效果，因而更容易受到政府的重视。需求型政策工具更多依靠市场化行为，短期内很难见效，不容易得到政府重视，这也解释了环境型政策工具在整个政策工具体系中占比达49.34%，而需求型政策工具在整个政策工具体系中占比仅为12.59%的原因。

另一方面，政策工具的选择也要综合考虑所处的政治制度、社会文化等环境特征，一些政策工具会随着政治理性的渗透逐渐成为农地流转的"必选项"。

3. 政策工具合理性使得多地政府偏好于使用传统型政策工具，但可能缺乏创新性

政策工具选择过程的实质是政府权力的行使过程，也是各利益相关者相互博弈的过程。政策工具必须具有合理性，来体现政府的公平正义（胡学奎等，2021）。从实质合理性和过程合理性角度出发，传统政策工具由于在以往政府行为中已有实施，可预见得到相关主体的接纳，政策效应可预期，政策效果接纳程度可预判。例如，在供给型政策中公共服务、资金投入、人才支持是使用频率最高的政策工具，究其原因，在于上述3类政策工具在以往土地相关政策中已被大量使用，得到主体的认可，而像信息技术支持、法律服务等政策工具是伴随土地流转不断深入、为解决特定问题而制定的，其实施效率还需要进一步检验，因此限制了其使用频率。同样，在需求型政策工具使用上，试点、示范类型政策工具使用频率较高，同样是由于该类政策在以往政策实施中使用较多，而政府采购、服务外包等政策由于存在服务范围狭窄、法律操作性差、缺乏监管等困境，导致政策工具的合理性缺乏（王凤岩，2016）。

二、农地流转的基层政府激励行为：规模流转（经营）补贴政策

农地流转地方政府补贴政策主要有两类：直接财政补贴和间接财税扶持。相比于直接财政补贴，间接财税扶持较多指向基础设施配套、金融杠杆撬动、税费补贴支持等领域。根据调查，间接财税扶持的福利效应、政策效果、受体评价相对滞后，更多公益性职能往往容易被受惠群体忽视和淡忘，这使得短期内其政策效应往往不如直接财政补贴明显。从各地实践情况看，由于直接补贴操作便捷、效应直接，多数地方政府更青睐于直接财政补贴，受惠群体也较为青睐直接财政补贴。由于本章聚焦于补贴政策对流入方经营行为和主体培育政策效应的影响，故本章将分析直接财政补贴的主要内容、政策组合及其短期效应。

从各地实践情况看，农地流转补贴政策的主要目标可概括为"通过对流

转规模（或经营规模）达到一定规模条件（一般设置规模下限，有些地区同时设置规模下限和规模上限）和流转期限的主体直接给予流转（或规模）补贴，以期稳定或提高规模经营水平，发展基于规模经营基础上的农业现代化"（赵德起等，2011）。为实现这一目标，其主要内容与政策组合措施安排如下：

（一）流转补贴政策内容

地方政府实施补贴推动农地流转的政策内容主要涉及三个方面：补贴条件、补贴金额、补贴方式与对象。

1. 设定补贴条件

对土地流转规模、期限、租金达到一定水平的主体按其流转面积或经营规模实施财政补贴。如：2013 年山东省财政厅和农业厅下发的《关于拨付2013 年种粮大户补贴资金并做好相关工作的通知》（鲁财建〔2013〕171 号）规定，对种植面积 150 亩以上、1 000 亩以下的大户给予补贴；种植面积1 000 亩及以上的，给予定额补贴。

2. 确定补贴金额

单位面积（通常以亩为单位）补贴额度从几十元到几百元不等。如2016 年，四川省、成都市两级政府对粮食（大春"水稻"＋小春"小麦"两季作物）经营规模 500 亩及以上的主体，给予"100 元/亩·年（省财政）＋400 元/亩·年（成都市财政）＝500 元/亩·年"的年度种粮规模补贴。2021 年，成都市财政局、农业农村局下达《中央财政农业生产发展和省级财政现代农业发展工程资金支持开展种粮大户补贴（粮食规模化生产财政奖补资金）》（成财农发〔2021〕89 号）。2022 年，成都市农业农村局印发《关于开展 2022 年度成都市粮食规模化生产财政奖补面积核实工作的通知》（〔2022〕2 - 16 号）、《关于开展 2022 年度成都市粮食规模化生产财政奖补面积核实工作的补充通知》（〔2022〕4 - 176 号）、《关于开展 2022 年度成都市粮食规模化生产（杂交水稻制种）财政奖补面积核实工作的补充通知》（〔2022〕7 - 46），对 2022 年市域内种植面积达到 50 亩及以上，同时秸秆综合利用率达到 100%的粮食规模化生产经营者，由市级财政按照 200 元/亩标准给予奖励；对在市域内杂交水稻制种面积达 100 亩及以上的杂交水稻种子生产主体，给予 400 元/亩补贴。

3. 规定补贴方式与对象

通常情况下，补贴方式可以分为一次性补贴和经常性补贴。如河南省永城市农业局、财政局 2013 年联合印发了《永城市农村土地承包经营权流转考核奖励办法》（永农字〔2013〕23 号），对流转土地成片连方面积在 100 亩以上、用于粮食生产且产量普遍高于大田平均产量 10％以上，剩余流转期限在 5 年（含）以上且未超过二轮承包期、流转费用缴付一次以上的主体，按每亩 100 元标准给予一次性奖补，最高补贴不超过 10 万元。

（二）相关政策组合措施

除规定政策内容外，一些地方政府还通过实施政策组合等配套措施强化补贴政策效应。如四川省成都市崇州市政府除了给予规模流转主体规模流转补贴外，还在现代农业经营体系构建、职业经理人培育、土地经营权抵押担保贷款、经理人资格评定、社会化服务配套等方面出台相关组合政策，夯实流转（规模）补贴政策的效果并营造良好的外部环境。

三、农地流转的基层政府行为：流转补贴＋项目打造＋组织创新

近年来，国家普惠性粮食补贴政策支持力度的不断加大并未对西南地区粮食生产特别是粮食适度规模经营产生明显推动效应（尚旭东、韩洁，2016），除了土地细碎、不适宜机械化生产、劳动力转出比例大等客观条件外，一个深层次的问题值得关注，即主要依靠外部性制度安排推进小规模农地分散化经营以保障地区粮食安全的中观政策目标显然很难实现，这使得推进组织内生性变革，通过制度创设解决"种粮无效、无人种粮"的公益难题成为当务之急（郭晓鸣等，2014）。这催生了在农地流转基础上的产业组织诱致性变革，取得了契合政府目标、兼顾个体诉求的短期效应。短期效应实现的关键，得益于"专业化生产＋专业化服务＋充分政府扶持"的组织模式，专业化模式取得了专业化产出，保证了各方收益。分解其组织模式如图 4-1 所示。

（一）专业化生产由"要素集聚＋企业家才能＋有效分配机制"组织形式实现

专业化生产实现的载体是土地股份合作社，当地政府通过引导承包户以农地经营权入股，设立土地股份合作社，并聘请善经营、精技术、懂政策的

种田能手担任职业经理人，负责土地股份合作社的经营与管理，然后通过一整套既能保障社员合理预期收入、又能满足职业经理人诉求的利益分配机制，兼顾了合作社两大主体的利益诉求。

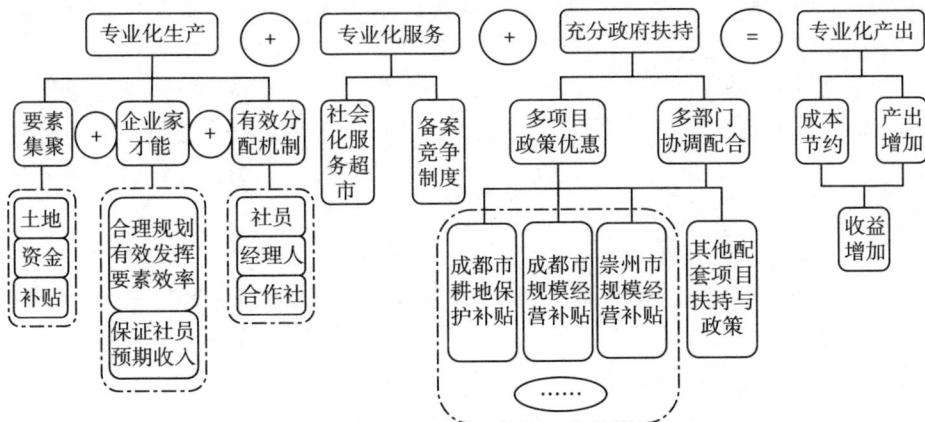

图 4-1　农地流转的基层政府行为：流转补贴＋项目打造＋组织创新

（二）专业化服务由"社会化服务超市＋备案竞争制度"竞购模式实现

分工能够带来高效的专业化服务，如果加上基层政府有效的"备案竞争制度"（在全市范围内公示社会化服务主体名称、服务内容、服务标价等）规制，则可以避免因信息不对称导致的社会化服务"柠檬市场"的形成，确保社会化服务的内容可追查、质量可监管、价格可比较，其积极作用在于营造了社会化服务市场的有序竞争，使合作社可以获得"质优价适"的社会化服务。

（三）充分政府扶持由"多项目政策优惠＋多部门协调配合"组合实现

组织成效离不开"多项目政策优惠＋多部门协调配合"的政府扶持。首先是政府一系列围绕粮食规模经营、共营制经营体系、经理人队伍建设、经理人担保贷款、经理人资格评定等 10 余项扶持政策的出台和落地。如单就种粮规模而言，社员以农地入股设立土地股份合作社开展"大春＋小春"（籼稻＋小麦）规模经营，规模 500 亩及以上的，可享受"四川省种粮大户

100元/亩·年规模补贴＋成都市400元/亩·年（两季）规模奖励＋崇州市70元/亩·年配套规模奖励＝570元/亩·年"的种粮补贴，如果合作社被评为示范社还会享受50元/亩·年的额外奖励。这与当地土地股份合作社600余元的年均收益基本相当，合作社可以无后顾之忧地从事粮食生产。其次是多部门协调配合。如为推进农业共营制的普及与发展，四川崇州市委和市人民政府通过统筹协调工商、农业、人社、民政、金融等部门，为土地股份合作社登记、经营所需贷款、经理人培育、经理人社保缴纳等事宜的手续简便营造协调配合的良好环境，"扶持资金＋配套项目＋部门联动"的要素组合推动了农业共营制的发展壮大。

四、农地流转的基层政府创新行为：经营主体竞标模式

流转竞标模式属于政府干预农地流转的微观手段，地方政府主导竞标模式的出现有其现实背景和逻辑因由，因各地乡情、农情千差万别，各地政府的做法不尽相同，由此产生的政策效应也各有千秋。为更好理清政府行为的政策效应，作者团队选取粮食主产区之一的J省T市J区作为典型调研地，试图通过透视当地政府的操作流程与扶持手段，剖析农地流转政府行为的逻辑因由及其短期效应。

（一）农地流转竞标模式形成的现实背景与逻辑因由

J省T市J区是长江下游流域的"鱼米之乡"，"粳稻-小麦"轮作是其主要的种粮模式。多年来，当地农民一直沿袭着"精耕细作、惜土珍种、逐步扩大规模"的优良传统。特别是近年来，受国家重视粮食安全保障，小麦、水稻最低收购价"稳中向好"的驱动，种粮能手（家庭农场、专业大户）普遍希望扩大种植面积增加收益，特别是下河地区（即河水相对丰沛的产粮区，与其相对应的是水资源相对匮乏的上河地区，相比于上河地区，下河地区水土肥沃，也更适宜粮食种植），由于多数种粮能手争相流转土地扩大经营规模，促成了农地"转入需求多、土地获得难"的流转争抢局面。不少粮食种植家庭农场为求得集中连片流转，不惜"出高价放手一搏"，主体间相互抬价、恶意竞价破坏了乡里乡亲间的"和气"，对维护乡村稳定、乡村有效治理造成了一定负面影响。与此同时，一些外地工商资本、有钱个体

频繁下乡高价租地，使得本地种粮能手很难租到土地。为进一步规范土地流转，保持乡村和谐稳定，部分下河地区的镇、村相继想办法，通过设计"主导流转竞标模式"管理主体流转行为，以期管控流转程式，更好推动土地要素规模有序流转，发展粮食适度规模经营。

（二）农地流转竞标模式的政府操作流程与扶持手段

J省T市J区各镇、村农地流转基层政府的竞标模式不尽相同，较有代表性的是QT镇模式。该模式操作流程大致可分为5个步骤，即：公示招标简章、制订招标细则、组织竞标流转、公示竞标结果与处置竞标问题（详见图4-2）（受篇幅影响，不再赘述）。其中，前三步是"模式运行"的重点，更能体现出地方政府农地流转竞标模式设计的主要特征和政策目标。

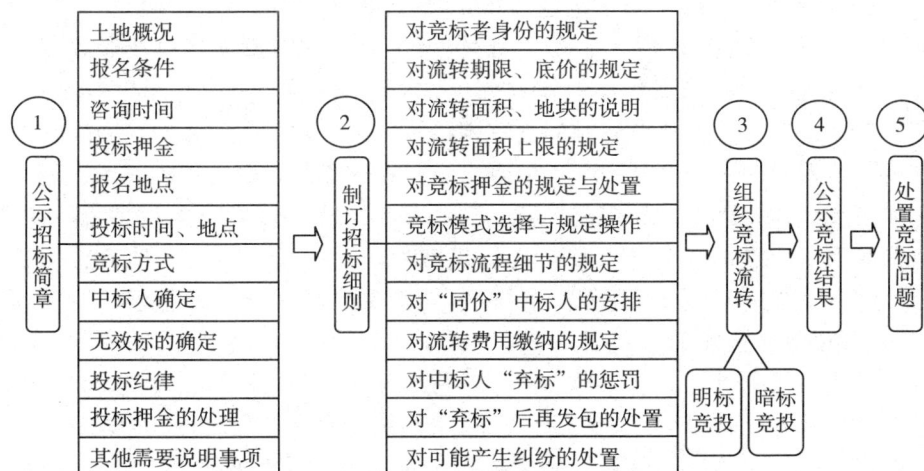

图 4-2　农地流转地方政府竞标模式基本流程图

J省T市J区农地流转包括两种竞标方式：一是明标竞投，即传统的"喊价竞标"，由镇、村（组）织全体竞标农户现场参与，在规定可交代"标底价"的基础上，出价高者中标（上不封顶）；二是暗标竞投，即在规定可交代"标底价"基础上，竞标户将自己出价写在"专用竞标纸张"上，经封存好后，次日开标，出价高者中标。从实际情况看，近年来随着种粮收益的稳定、竞标户种粮期望不断提高，"标底价"也显著被提升，明标竞投逐渐成为主流方式。但从竞标户反映来看，不少竞标者对此颇有非议。另外，为有效推广竞标模式，加快发展规模经营，T市J区人民政府适时出台了《关于推进农业改革创新加快发展现代农业的政策意见》，对当年新增土地流转集中连片从事粮食生产 100～300 亩的，每亩奖补 100 元；对当年实现整镇、整村土地规模经营（规模经营面积达 80％以上）的，一次性奖励 5 万元、2 万元；对农地流转 1 000 亩及以上的村，奖励村干部 5 万元。补贴政策极大推动了主导竞标模式下的规模流转。据不完全统计，近年来全区实现农地竞标流转规模 16 000 亩以上，这种模式极大解决了农地细碎化和规模不够的问题。

五、农地流转的基层政府组织行为：土地股份合作社股权分配保障模式

深入推进农业供给侧结构性改革的一个重要方面就是"调结构、转方式、促融合"，也就是借助资源、品种特色优势，着力发展特色产业或者变传统粮食种植为新的高附加值作物种植，或者通过种养结合，扩大产业边界，形成一二三产业融合发展的既有调结构、又有转方式、还有产业融合的新的产业发展模式。这其中，各地政府依托农地资源要素，以农民承包地入股，发展乡村特色农产品规模经营，在此基础上进一步发展乡村特色产业，成为政府引导农地流转的主要行为。概言之，基层政府引导土地流转的逻辑：推动"农地入股＋资金投股"→形成"要素积聚＋规模经营"→实现"产业调整＋融合发展"。

为更好展示基层政府引导农地流转的入股行为，本章将以典型案例的形式，呈现地方政府如何组织农民以承包地和其他发展资金入股，组建土地专业股份合作的。其核心是设计好"股权分配方案"，实现好"同股不同权"的分配保障，在推动土地入股流转经营的同时，既保护了农民的权益，稳慎推动承包地"三权分置"改革，又实现了发展农业规模经营、助力乡村产业发展的政策目标。

宁夏回族自治区固原市原州区张易镇宋洼村 2019 年年底前是当地有名的贫困村。该村地处六盘山山区，属于大陆性季风气候，适宜发展冷凉作物。2016 年以前，当地的藜麦、向日葵等耐寒作物品质好、有特色，但产量低，没人愿意种植，零星的种植和不成规模的产量未能形成特色产业，属于典型的"有资源无特色、有特产无产业、无产业无品牌"的产业"四无"状态。由于没有产业支撑，当地农民普遍生活不富裕，外出打工成为多数农

民的最终选择。由于大量农民外迁，乡村发展留不住人，村庄凋敝、缺乏人气，守着好资源没有好产业。2016 年，宋洼村村委会组织能人郭利平带领 400 余户农民以承包地经营权入股，成立了"宋洼村土地股份专业合作社"（以下简称"合作社"），将国家财政补助的 190 万元资金做"投改股"试点，以"高原藜麦"为主导产业，发展六盘山地区特色农业产业，带动片区经济发展，着力打造田园综合体，以田园综合体为依托，发展环线旅游乡村旅游。

成立了土地股份合作社，有了原始的资金积累，起步资金的问题得到解决，但来了钱，怎样算账？如何平衡各方利益分配？应对这一连串问题，宋洼村村委会与合作社在充分研究 2014 年 3 月 1 日修订后施行的《中华人民共和国公司法》和 2018 年 7 月 1 日修订后施行的《中华人民共和国农民专业合作社法》（以下简称《合作社法》）基础上，设计了《宋洼村土地股份专业合作社股权方案》。合作社的股权设计方案在坚持"带动宋洼村全体村民脱贫致富和发展壮大宋洼村村集体经济"原则下，设计了"目的性、矛盾兼顾性、内外有别、可操作性、动态化管理"等五大原则（表 4 - 5）。

表 4 - 5　宋洼村土地股份专业合作社股权设计原则

序号	具体原则	主要内容
1	目的性原则	以带动宋洼村全体村民脱贫致富和发展壮大宋洼村村集体经济为目的
2	矛盾兼顾原则	必须找到经营管理的效率最大化和农户成员的权利利益的最大公平性之间的平衡点
3	内外有别原则	因为股东（或者成员）工商登记备案的公信力和股权在合作社内部协议的约定，需要权衡在司法层面内外有别的风险
4	可操作性原则	股权量化能够按照《农民专业合作社财务会计制度》的要求记载在账面
5	动态化管理原则	考虑到农户成员入社和退社完全自愿的意愿，这一点完全不同于公司股东，所以本股权设计方案采取股权数量、股权比例动态化管理

（一）对各类型成员股权方式处理：兼顾身份权、出资方式与分红权的设计

1. 对普通农户以农地经营权出资入股的账务处理

2016 年 4 月，宋洼村 67 户村民以农地经营权作价出资成立土地股份合

作社。合作社将股价设计为 60 元/亩·股，即每亩农地按 60 元/股的出资方式作价。如某农户以 10 亩地的土地经营权出资，股权数量为 10 股，合作社将此农户登记在股东名册，财务部门做如下账务处理：借，无形资产——土地经营权 600（60×10）；贷，股金——成员姓名 600（60×10）。之所以将每亩土地经营权入股价格确定为 60 元/亩·股，是有其现实依据的。宋洼村当地为丘陵干旱地区，种地完全是靠天吃饭，地块分散、土地贫瘠，当地农地流转价格普遍在 60 元/亩·年左右，有时候 60 元/亩·年的价格都找不到流入方。社员完全认可以此价格定价土地经营权股价的安排。需要强调的是，作为无形资产的农地经营权，不能摊销计入合作社经营支出，否则，当农户退股时，土地经营权账面价值将面临资产不够退或无资产可退的情况。

2. 对合作社管理层成员资金出资入股的账务处理

合作社管理层由"村委成员"和"致富带头人"组成，管理层成员以资金形式出资入股，主要目标是解决初创期流动资金不足、资产规模较小等问题，股价设定 60 元/股。例如，理事长郭利平个人出资 40 000 元，股权数量为 667 股（666.67 股，四舍五入为 667 股），合作社登记股东名册，做如下账务处理：借，银行存款（或者现金）40 000 元；贷，股金——郭利平 40 000（60×667）元。

3. 对村集体依据实施方案出资入股的账务处理

根据 2016 年 11 月中国农业科学院农业资源与农业区划研究所制订的《宁夏回族自治区原州区宋洼村发展壮大村集体经济试点实施方案》要求，2017 年 5 月 12 日落实方案要求，宋洼村得到政府壮大村集体股份改革试点的 190 万元财政资金，资金全部入股宋洼村土地股份专业合作社。合作社设计按原始股溢价 3 倍，即每股 240 元，增加"宋洼村村集体"为股东，股权数量为 7 917 股。之所以溢价 3 倍，主要是为了稀释村集体的股权。这样设计的考虑主要是"为平衡收益、贡献与合作社可持续发展"。土地股份合作社成立初期，这 190 万元股金占据合作社全部股份的绝大多数，村集体可以理解为资产出资人，也就是最大股东（绝对控股），然而村集体并不参与经营，而是靠财政资金参与分红，如果不对入股资金进行溢价处理，合作社盈利后，将会出现运行者，也就是为合作社实际盈利作出巨大贡献的管理者、其余出资人和入社社员在贡献与收益上极不匹配的"效率与公平不兼顾"的问题。事实上，如果仅有最初的原始资本积累，没有有效的运行，资本就很难增值，如果 190 万元壮大村集体股份改革资金不能升值的话，财政资金则变成了福利，这与财政资金最初的设计用意完全背离。因此，有必要削弱村集体按实际出资股份应得到的收益分红，也就是降低村集体的收益分红比例。尽管如此处理，经溢价处理的村集体分红权比例仍高达 48.4%，如果未处理，不参与合作社实际运行的村集体分红权比例将高达 80.3%。合作社登记股东名册，做如下账务处理：借，银行存款 1 900 000 元；贷，股金——宋洼村村集体 475 000（1 900 000/240×60）元；贷，资本公积 1 425 000（1 900 000—475 000）元。

4. 对合作社外聘员工积累股权的设计与账务处理

合作社外聘员工如果想成为合作社社员，可以以工资作为积累股权的重要手段。外聘员工与合作社签订"股权激励协议"，以"应发工资"与"实发工资"之间的差额部分累积到协议约定的行权日期，转为股金。笔者认为，这个设计，既考虑了"员工依靠工龄与贡献换取股权和股东资格"的问题，也考虑到"缓解员工因暂时资金困难无法入股"的问题。设计的精妙之处在于，对有贡献员工进行"贡献激励"，实际上是给外聘员工开了两个口子，让外聘员工能够以股东的身份享受合作社未来发展的红利，也就是"外聘员工变股东，享有剩余索取权"，激励外聘员工为合作社发展开足马力做奉献。以合作社办公室主任杨欣为例，每月应发工资 3 500 元，实发 3 000 元，每股 120 元，两年后（24 个月）到协议约定的行权日期。借，应发工资 12 000（500×24）元；贷，股金 6 000（12 000/120×60），贷，资本公积 6 000（12 000—6 000）元。

（二）对管理者和员工股权认购条件、标准、退出和相关问题的规定与计算

对合作社管理者和员工给予"股权认购"关乎合作社的长远发展，给予管理者和员工股权认购实际上就是在赋予对合作社有贡献的人"剩余索取权"，让员工拥有获得合作社未来发展预期报酬的权利（期权）不仅可以理解为一种正向的"工作激励"，更是对管理者和员工辛勤付出的"最好奖励"。将管理者和员工对合作社的付出与回报以期权的形式牢牢捆绑在一起，让有贡献的人与合作社成为"命运共同体"，对管理者和员工释放一种状态：只要好好干，合作社未来的发展收益（"溢价"收益）将可以得到。这样的"可获得性"股权设计激励着员工只有贡献最大可能的付出，才能换取未来最有可能的收益。

对于管理者和合作社员工的股权认购，合作社设计了 5 个部分内容。

1. 界定期权

合作社首先界定了期权，对相关概念作出约定与解释。"期权"是一种权利，是允许被授予对象在符合一定条件情况下，以优惠价格购买合作社股份的权利，购买权利由合作社免费给予。"行权"是期权持有人按照相关规定，行使购买权利，成为合作社股东的权利。"行权期"即行权的时间。行权需要满足股权方案规定的条件，在规定时间内完成购买行为的，视为行权完毕；未在行权时间内完成购买行为的，则对应部分期权失效。

2. 行使期权的方式

以被激励员工在合作社未领取的工资购买股权的，不足部分由员工以货币资金补足，超出部分在行权完毕后发给员工。被激励员工每月未领取的工资不得低于 500 元。

3. 授予期权方式及数量

合作社会分批发放期权，根据员工目前所在的岗位、工作年限以及对公司的贡献，再决定每次授予员工的期权（股权）数量，股权数量占股权总数的比例越高，表明分红权及其他权利的比重也越大。为保障期权授予的公正公平，合作社在行使期权方面做了如下补充：合作社将根据经营利润情况，决定以后年度增发期权的数量。增发期权将重点考虑合作社管理人员的工作积极性、贡献度、创造的利润等因素。每年增发期权的具体数额将在每年 1 月前由合作社理事长单独授予。补充条款实际上给合作社每年增发期权设置了"激励弹性"，强调了员工对合作社贡献与获得期权可能性与贡献的正向相关关系。

4. 对"行权"的相关规定

行权价格：行权价格定为原始股权价值的 2 倍，即 120 元/股。行权时间：行权时间设置采用条件满足制，符合行权条件的即可行权。行权条件：从试用期开始工作满 2 年，即 2019 年 8 月 15 日起。落实相关财务手续的时间为 2019 年 8 月 15 日至 2019 年 9 月 15 日。行权期内自愿以未领取的工资购买，过期视为自动放弃，行权完毕后，合作社将办理股权变更登记手续。如果尚未行权完毕，合作社启动上市或者转让，那么未行权部分一次性行权。

5. 退出机制

退出机制也是权利行使的重要体现，这关乎股东的"变现问题"和对合作社发展预期的自由选择问题。合作社规定如下：无论什么原因离开合作社，未行权部分期权自动取消，未领取的工资不得领取，由合作社收回。对已行权部分，如果发生员工离开合作社的情况，根据行权后的工作时间分别处理：行权之后两年之内离开合作社者，合作社以行权价格无条件购回；行权之后两年以上离开公司者，合作社以行权价格的 1.1 倍赎回已行权股份。合作社上市成功后，期权将变为合作社的普通股股份，将按照上市公司的规定行使相关股东权利，履行股东义务。

此外，合作社还设计了其他相关规定。在期权激励受益人尚未按本方案的约定行权时，该股份所代表的权利仍为股东所有；行权完毕后，期权的受益人同意将本人所持有股份所代表的表决权委托给合作社理事长郭利平。因合作社发生并购及其他公司的实际控制权、资本结构发生重大变化，原有提供期权激励股份的股东应当保证对该部分股份不予转让，保证持有人的稳定性，或者能够保证新的股东对合作社期权激励方案执行的连续性。员工被授予的期权不得转让，不得继承。员工行权之后的股份在上市之前不得转让和继承，只能由合作社按照相关规定回购。方案最终解释权归合作社理事会。协议经赠与人与被赠与人双方签字且合作社盖章后生效。

（三）以分红权让渡实现表决权置换：同股不同权提升土地经营权的分红权

关于"表决权"和"分红权"的设置，合作社设计了"同股不同权"（即 AB 股权设计）的方案（表 4-6）。考量基于如下事实：尽管《合作社法》明确规定成员表决采取一人一票制，然而眼下正值宋洼村土地股份专业合作社规划设计起步期，合作社成员最关心的是可以分到多少收益，对于生产经营决策，关心的并不多，或者关心也是为了后面的收益，与此同时"小而散"的农户因学历、经历、认识、对市场了解程度等因素，很难科学融入合作社的生产决策当中。现实中，也很难召集普通农户通过会议表决的形式达成繁多的决议。每年至少一次的合作社成员大会，无法解决合作社初创期烦琐的决策事项。为此，郭利平、荣甲牛羊养殖专业合作社、郭俊仁、王小成等合作社管理层成员和股东，主动将"按出资比例"获取的"分红权"的50%让渡给以土地经营权出资入股的普通农户社员，换取同等或者略低比例的"表决权"（见表 4-6，在实际计算中可能会有一点偏差）。这样做，与其说是"权利置换"，不如说是"权利让渡"，因为在合作社初创期，盈利或者为能盈利所进行的前瞻性和战略性决策远比计较表决权的得失更有意义，而对于普通社员而言，失去原本意义就不大的表决权换来未来可观的分红权，更实惠。事实上，管理者和股东让渡的"分红权"本身就是一种"无偿捐助"，不仅将未来的"分红权"进行让渡，而且还要为已得到"分红权"的社员未来得到更多"分红"（分红权的增值与溢价）进行更多的考量与深入决策，这背后如果没有一点"创业情怀"与"无私奉献"精神，是很难做到的。更为不易的是，合作社理事长需要激励和笼络住这样一群人，趋同的创业文化和所有人都可预期的权利设计十分必要。这其中合作社的这个设计功不可没。另外，关于宋洼村村集体的"表决权"：根据《合作社法》第 19 条"具有管理公共事务职能的单位不得加入农民专业合作社"，宋洼村村委会无法在工商登记部门登记为合作社成员；与此同时，鉴于郭利平、王小成、荣甲牛羊养殖专业合作社等管理层成员在工商登记系统的公信力和对外部债权人的不可抗辩的风险，应该给予这些管理者和股东足够的经营管理表决权。鉴于以上情况，建议宋洼村村委会监督指导合作社工作，但不参与经营管理，按照出资比例分红即可，不参与表决。

表 4-6 宋洼村土地股份专业合作社"同股不同权"的权利设计方案

（截至 2018 年 7 月 31 日）

序号	股东姓名或名称	认缴出资金额（元）	出资方式	出资比例（%）	出资时间	股价（元/股）	股权数额	表决权比例（%）	分红权（%）
1	宋洼村村集体	1 900 000	货币	48.40	2017 年 5 月	240	7 917	行政指导暂不设表决权	48.40
2	固原市原州区张易镇荣甲牛羊养殖专业合作社	100 000	货币	10.18	2017 年 6 月 15 日	60	1 667	20.36	5.09
3	以土地经营权入股的宋洼村村民	46 542	土地经营权	2.84	2017 年 6 月	60	776	1.42	25.96
4	郭利平	160 000	货币	22.30	2017 年 6 月 15 日	60	2 666	45.66	11.15
5	郭俊仁	40 000	货币	4.07	2017 年 6 月 15 日	60	667	8.14	2.35

（续）

序号	股东姓名或名称	认缴出资金额（元）	出资方式	出资比例（%）	出资时间	股价（元/股）	股权数额	表决权比例（%）	分红权（%）
6	王小成	40 000	货币	4.07	2017年6月15日	60	667	8.14	2.35
7	郭宗祥	40 000	货币	4.07	2017年6月15日	60	667	8.14	2.35
8	柯军虎	40 000	货币	4.07	2017年6月15日	60	667	8.14	2.35
	总计	2 366 542	—	100	—	—	15 694	100	100

六、农地流转的基层政府金融行为：土地经营权信托流转模式

为了更好引导农户特别是新型农业经营主体践行农业供给侧结构性改革，一些地方政府致力于通过农地的归集流转，试图从土地要素端为经营主体的规模经营、结构调整提供便利。流转方式上，目前土地经营权信托主要有3类。

（一）基层政府设立国有独资"信托公司"模式

益阳草尾镇模式和沙县模式属于基层政府设立国有独资"信托公司"模式。模式最早起源于草尾镇试点，后经沙县借鉴改进，"信托"二字的首次提出源自沙县模式。模式的主要做法是由县一级政府批准，县、镇政府出资成立国有独资信托公司，负责土地流转信托业务。首先农户自愿提出流转，村、镇委员会负责接收，待收集一定规模集中连片农地（如草尾镇规定集中连片规模不能少于80亩，方便对外招租和开展规模经营）后再交由信托公司，信托公司负责查验土地、评估地力、审查是否存在违背农民意愿强行流转，并对土地进行适当平整（草尾镇模式还未实践，沙县模式已付之行动）；然后引入承租人（种植大户或农业企业）完成流转。这一过程信托公司需要对承租人资质能力、租地目的、租金支付、经营行为进行查验、收取、监督和管理，防止出现"非农化""非粮化"倾向，保护农民权益，保障农地用

途。承租人租金的缴纳，信托公司采取前一年末收取次年租金的办法，用以约束承租人租种行为，预防承租人"中途跑路"和"撂荒"。农户租金的发放，信托公司采取两次支付的办法，目的在于防范农户擅自违约收回承包地。农户执意收回承包地的，信托公司视地块分布、平整投入情况，采取调地和现金补偿等办法维护承租人权益。

信托公司是经沅江市人民政府批准，由草尾镇政府出资 200 万，在沅江市工商局注册登记的国有独资性质公司。公司的名称为沅江市香园农村土地承包经营权信托有限公司，公司的业务范围涉及土地流转托管投资服务、农村土地开发服务、农业科技推广、培训及咨询服务、农业机械、生态农业综合开发等。目前，主营业务以农村土地信托流转为主，业务范围包括：收集和发布土地有关信息；接受农民流转土地的委托；筛选农业企业（种植大户或家庭农场），对外流转土地，监管承租人，确保委托土地的集体所有性质不变；实施有关项目，通过"投资→土地增值→获得利益→再投资"的循环模式来推进土地流转经营的可持续性。

1. 信托公司主营业务流程

土地信托公司主营业务流程涉及 7 个方面。

（1）做好信托流转前的宣传和解答　土地信托流转前，信托公司向流转村（组）派驻工作人员，由工作人员组织召开村民代表大会，向村民宣传土地信托流转的目的和好处，讲解土地信托流转的方法和流转后的权利、义务。

（2）受托和评估承包地，签订储备协议　村（组）有流转意向的土地面积集中连片达 50 亩以上的，由村（组）向土地信托公司提出书面信托申请。信托公司收到村（组）申请 3 个工作日内派遣工作组开展实地调查，全面核实农户是否真实、自愿、民主协商流转土地；根据土地位置、耕作条件确定土地等级，7 个工作日内决定是否接受信托。决定受托后，信托公司为村（组）发放土地委托通知书，要求村委会召开信托流转户长会，相关事宜协商一致后，由信托公司与农户签订土地经营权流转意向协议书。

（3）发布受托地信息　信托公司对受托土地进行统一整理，包括去除田埂、平整土地等，根据受托土地实际情况，整理比例在 20％～60％不等。之后，公司将对外发布流转土地的相关信息。

（4）审核承租人资格、签订合同并公证公示　引入承租人过程中，信托公司通过查验承租人法人资格、身份证明、物质装备、财务状况、经营能力等，受理承租人租赁申请，审查承租人材料，并要求其填写产业发展审查表。信托公司预收取承租人一定比例风险押金并派遣工作组会同承租人实地考察受托土地，现场商议相关事项。双方达成一致后，信托公司同农户签订土地信托流转合同，与承租人签订土地租赁合同，后到公证机构对合同进行公证。

（5）完成流转、履行合约　合同签订后，信托公司正式接受土地，收取承租人土地租金（250千克稻谷的现有市价，约合660元）、风险保证金（每亩100元，合同签订时一次付清）和土地服务费（每亩每年10元），支付农户租金（上下半年两次付清，250千克稻谷的市价），将土地交予承租人经营。

（6）资料归档和跟踪服务　信托公司指派专人负责合同资料的保管，并派专人协助农技专家、销售顾问为承租人生产、销售、纠纷、就医、子女上学和就业等提供技术咨询、经营指导、农机具有偿使用和矛盾调解等服务与优惠。

（7）事后监管　信托公司事后监管主要表现在对承租人租地后经营行为的监管上，其目的在于防止承租人擅自改变农地用途或因经营不善出现撂荒、"跑路"等行为。如2018年，一位山东籍种植大户租赁了980亩土地种植杞柳，租期10年。2018—2019年，种植大户先后缴纳了2年风险押金和租金。2019年年底，信托公司发现该种植大户种植的杞柳长期无人打理，违约"跑路"嫌疑很大。经赴山东多地调查，证实该种植大户与收购方合同已废止，其撂荒、"跑路"事实成立。考虑到该种植大户未依照信托合同按时交纳2019年承租地租金和押金，且已栽种作物，撂荒后整理复垦还需耗费大量人力、物力，信托公司起诉该种植大户。经法院裁决，责令该种植大户补缴剩余租金和押金欠款，补缴资金滚入土地信托流转公积金，用于未来抵补部分撂荒损失。

2. 信托公司退出方式

如果农户要求退出，有两种方式。

（1）按照大约等值原则，在承租地周边划出等值大小土地留给农户经营；由于信托公司和承租人整理土地产生费用，因农户变更合同收回的土地还需补齐信托公司和承租人整理土地所发生的费用（根据平整土地支出情况，每亩补偿在20～60元）。

（2）农户要回原承包地的，农户除补齐信托公司和承租人平整土地发生费用外，还需补偿由此影响承租人正常经营所发生的费用（每亩 0～40 元）。

3. 信托公司收益分配情况

收益分配主要涉及公司收入、公司支出和公司利润分配与使用 3 种情况。

（1）公司收入 公司收入主要来自两条途径：一方面，承租人交纳的土地租金、风险保证金和土地服务费；另一方面，承担部分国家涉农项目获得收入。

（2）公司支出 公司支出主要包括 3 个方面。一是支付农户土地租金（250 千克稻谷的市价，约合 660 元）。二是承担公司日常办公开支、交通差旅支出、房屋租赁费用、职员工资等开销。由于公司董事长、总经理及经营班子主体成员均为乡镇公务人员和事业单位在职干部，其工作不能得到任何工资和奖金报酬，对职员工资的支出主要是为退休村干部和负责村级土地信托流转服务同志支付工资。而对村级土地信托流转服务负责同志实行的是效益工资，具体发放标准与其土地流转总量、流转比例、流转规范化程度等工作量挂钩。三是用于平整土地的支出。

（3）公司利润分配与使用 由于信托公司的非营利国有性质，其利润分配主要涉及风险基金、培训教育基金、公益金、信托公积金的预留，土地信托公积金农户分红和维持公司经营运转的资金留取。公司利润中可分配盈余的 10% 将留作土地风险基金，10% 留作培训教育基金，10% 留作公益金。风险基金严格按照风险防范规定使用，对公司员工、土地流出农户、承租人法律政策和专业技能的集中培训 1 年不少于 2 次，公益金的使用由公司股东大会决定。可分配盈余扣除风险金、培训教育金、公益金、职员工资后，剩余部分将留作公积金用于未来信托发展，滚动开发。而土地信托公积金积累一定规模后，信托公司将给予农户公积金适当分红，分红比例依公积金规模、公司债务情况、今后发展规划而定。上述资金留取后，剩余金额用于公司运转经营。

（二）基层政府"委托人"信托模式

安徽省宿州市宿州模式属于基层政府"委托人"信托模式。基本做法是，政府作为农民土地承包经营权的委托人，将土地委托给受托人（信托公司），信托公司再将土地委托给承租人（或称土地服务商）经营。土地流转信托的前提是集中连片，为获得集中连片土地，模式前半段采取了农户层层委托的办法，即有流转意愿的农户可向村委会提出申请，由村委会代其流转，村委会将土地收齐后报送乡（镇）政府，乡（镇）政府将集中连片土地再报送至区政府，如此逐层委托，最终区政府成为土地流转信托的直接委托人。因农户不愿流转，其地块妨碍连片整理的，村委会负责做其工作，仍未达成一致的，村委会与农户磋商，商议补偿事宜。模式后半段由信托公司主导，信托公司以委托协议的形式将土地交由承租人经营，信托公司负责对承租人资质能力、租地目的、从事领域、经营能力、项目潜力进行评估和管理。土地租金由信托公司提供，但根据信托公司与承租人间协议，租金由承租人提供，信托公司再以受托人名义将租金支付给区政府，最终由区政府完成对农户的租金分派。

1. 基层政府"委托人"信托模式产生的现实背景

基层政府"委托人"模式的产生有其现实背景，基层政府恰恰是在这样背景下，鼓励并引导农地流转创新的。

（1）拟信托土地所在的区域农业发展优势明显　安徽省宿州市是我国粮食生产大市，埇桥区是宿州市政府所在地，区位优势明显，农业生产资源丰富，是全国重要的商品粮基地、商品棉基地、畜牧业基地和林牧业基地。埇桥区是农业农村部认定的国家现代农业示范区，也是国家批准的农村改革试验区，承担着组织创新等多项试验任务，更容易接受农村土地信托这类新型融资方式。

（2）拟信托土地位置好、升值潜力大　信托流转土地位于宿州高铁站和主城区之间的宿（州）马（鞍山）工业园规划地带，交通便利。而且，为便于招商引资，当地政府已利用国家支农项目对周边道路、桥梁、水利等基础设施进行过整治，土地平整、集中连片、地力肥沃，未来升值潜力较大。

（3）拟信托土地已完成长时间、集中连片流转的相关手续　宿州市信托流转的5 400亩土地已完成从村民到区政府的逐级委托手续，由埇桥区政府和安徽帝元生物科技有限公司（以下简称帝元农业公司）签订土地流转协议，且流转期限较长。中信信托有限责任公司（以下简称中信信托）流转此块土地只需和埇桥区政府商议，无需再与农户逐一交涉。

（4）原租赁土地的帝元农业公司缺乏资金，有借助中信信托介入获得贷款的意愿　据了解，原土地租赁企业帝元农业公司（简称帝元公司）计划先建设现代农业循环经济产业园，再"以商招商"，项目拟投资10亿多元，总占地面积约2万亩耕地、1 000亩以上的灌溉养殖水面和2 800亩的配套建设用地。两年多来，帝元公司已投资数千万元用于温室大棚等设施建设，但未见明显经济效益，且招商工作不如人意，融资努力屡次失败，后续建设资金缺口大。多年前，帝元公司与中信信托有过接触和意向，经过协商，双方签订合作框架协议，共同以信托方式开发流转土地。

2. 政府推动农地信托流转的操作流程

政府推动农地信托流转的具体操作流程如下。

（1）农户将承包地逐级委托至区政府，区政府成为信托土地的直接委托人。

（2）中信信托与区政府签订信托合同，成为信托土地的受托人。

（3）帝元公司再从中信信托租赁耕地，由原来的土地承包商变为运营服务商。

（4）中信信托要向帝元公司提供1亿元贷款的承诺作为项目附加条件。

（5）中信信托通过信托项目将农地经营权设计成信托产品，并获得了融资开发信托土地的资格。近期，政府已经与正大集团协商入园从事生猪养殖项目；并邀请德国拜耳集团，与之协商入园从事种子、生物药材栽培等开发项目。

3. 对政府"委托人"模式开展农地流转的基本看法

（1）土地升值、农地流转放活是吸引信托机构开展农村土地信托业务的直接因素　随着农产品价格上涨和国家惠农力度加大，农业产生的新业态、新模式可能产生的较大利润空间，使得一批工商资本开始进入农业。从调研情况看，中信信托发展农村土地信托业务，并不指望种植粮食挣钱，他们把园区规划为种植、养殖、农业物联网、生物质能、科学试验五大板块，其盈利点更多地放在掌握农地经营权之后的农产品流通、加工等环节。

（2）农业企业缺乏有效融资渠道是信托公司顺利介入的重要原因　农村土地资源开发涉及环节多、资金需求量大、回收周期长，而我国农业企业大多缺乏充足的资金来源，已有投资在农地上形成的地上构筑物又不能用于抵押融资。据了解，中信—宿州信托项目启动前，原承租商帝元公司已投入7 000多万元，建设了温室大棚等农业设施，但由于向银行抵押贷款的难度较大，为信托公司的介入创造了条件。

（3）信托公司作为金融机构介入农村土地流转还在探索试验，存在诸多挑战　从调研情况看，不管是中信—宿州土地信托项目，还是其他信托公司开展的土地信托项目，都只是刚刚起步，尽管项目规划长远、内容丰富，但项目实施的不确定性因素较多，其实际效果仍需较长时间的观察。如，帝元公司负责人介绍，农业项目投资周期长，收益见效慢，没有 5 年，不要考虑利润问题。中信信托相关负责人表示，其用于土地开发的信托资金，将主要向国内大型保险公司、养老金保管机构等长期有耐心的资本募集。

（4）信托业务专业性较强，涉及的利益关系比较复杂　相对于传统的土地流转形式，土地信托涉及主体多、环节多，权利义务关系复杂，普通农民根本没有掌控合同内容、控制风险的能力。在座谈中了解到，将 5 400 亩土地信托给中信信托，全部由区政府出面协商、签订合同，参加座谈的村支书及两位村民对媒体热炒的土地增值收益 70% 归农民的说法知之甚少。

（三）合作社"委托人"模式

北京市密云区穆家峪镇水漳村模式属于合作社"委托人"模式。水漳村地况多为丘陵、平原少、承包地细碎，适宜发展林果业，经济林果种植前景较好。水漳村全村 415 户村民的 1 700 亩土地，多年前流转土地主要用于种植玉米、红薯等传统粮食作物，种粮收益低。为了提高农民的经济收入，村集体主导成立了"集体经济股份合作社"，鼓励农户将自家土地经营权流转至合作社，开展农地集中经营管理，合作社按每亩每年 1 000 元的流转费用支付给承包户，土地用于种植葡萄、蓝莓、樱桃等高经济价值作物。但每年巨额的土地流转费用和日常生产开支导致合作社资金短缺，同时由于改种林果，合作社不能获得相应财政补贴，经营压力巨大。前些年，中信信托和北京国际信托有限公司（以下简称北京信托）先后来到水漳村考察接洽。其中，中信信托的合作方案是要求水漳村集体经济股份合作社将 1 680 亩土地经营权交由中信信托，由中信信托委托第三方机构对土地进行规划整理，开展高附加值经营，然后按比例分配经营收益，承包户和合作社根据多持份额领取收益。然而，该提案未得到合作社法人（水漳村村书记）的同意，村书记坚持土地一定要由水漳村自主决策、自由经营。既然中信信托不行，村集体经济组织选择了同样具有北京市人民政府国有资产监督管理委员会背景的北京信托进行合作。

村集体经济组织与北京信托合作的具体办法如下：北京信托向"集体经济股份合作社"提供 1 800 万元资金用于支付农户土地经营权的流转费用。之后，合作社再以"零费用"的成本将农户的土地经营权流转至北京信托所要求的另一家村集体合作社——"圣水樱桃合作社"，流转期限为 13 年，流转期限未超过农村土地二轮承包期限。流转双方合同约定，前3年按每年1 020元/亩支付，此后土地流转费用每3年以10%的幅度增加。如果流转期限3年内，市场粮价大幅上涨（如2021年的玉米价格上涨），那么土地租金将根据粮价上涨情况重新进行调整。

事实上，信托公司提供1 800万元的信托资金相当于一个贷款额度。该做法实质上是"信托公司贷款＋专业合作社经营还款"的组合。之所以采取这样绕弯的形式，主要受制于"圣水樱桃合作社"不能以经营实物从商业银行获得抵押贷款，无奈之下找到了信托公司进行融资，北京信托在整个环节里仅担任提供资金的角色。

七、农地流转的基层政府配套政策：完善基础设施助推农地规模流转

在供给侧结构性改革背景下，与直接依靠规则、补贴推动农地流转不同的是，一些农业自然条件相对不足的地区政府，借助提供农业节水灌溉工程这样的公共服务来推动农地流转，践行农业供给侧结构性改革中保障国家粮食安全的政策底线和要求[1]。比较有代表性的是在西北地区或黄淮海地区的水肥滴灌一体化设施设备（尚旭东、朱守银、段晋苑，2019），如新疆维吾尔自治区昌吉回族自治州呼图壁县在自治区率先使用了"首部"农田灌溉工程，以此推动经营主体更好地调结构、保粮种。"首部"农田灌溉工程是由沉淀池、清水池和沟渠为基本单位，并与滴灌管网相连组成的高效农业灌溉系统。呼图壁县气候干旱，蒸发量远大于降水量，农业用水主要依赖灌溉。以往灌溉主要为沟渠漫灌，20世纪90年代滴灌技术引入新疆并广泛应用后，井水利用率大大提高。伴随滴灌技术深入发展，同时也为防止地下水超采，2001年后河水滴灌被引入。但由于河水含沙量大、易堵塞，当地采取修造沉淀池、清水池的方式，通过水泵抽取清水加压进入滴灌系统，大幅提高了河水灌溉效率。2014年以来，为进一步解决"首部"砂石过滤器和网状过滤器造价高、维护难问题，全县立足实际，经前期充分论证和试验，自

---

① 注：践行农业供给侧结构性改革的底线可理解为保障国家粮食供给安全，这一点在《习近平关于"三农"工作论述摘编》中有关论述，《国务院办公厅关于加快推进农业供给侧结构性改革大力发展粮食产业经济的意见》（国办发〔2017〕78号）指导思想、基本原则和主要内容中可见一斑。

主创新设计了河水自压滴灌"大首部"，该设备具有高度集成特点。目前，呼图壁县已在大丰镇联丰村开展了"大首部"试点，采用条型滤网板式沉淀池，通过3条主管道向联丰村3万亩耕地提供灌溉，实现了地表水、地下水联合互补调度，促进了水资源合理开发和有效利用。工程省工、造价低、无需动力、运行费低，突破了常规河水滴灌电力设施配套和"首部"工程建设投资过大的瓶颈，为"大首部"建设积累了经验。目前，全县共有"首部"560个，年引水量1.9亿立方米，灌溉水利用系数为0.65，远高于全国灌区平均水利用系数（0.45）。"首部"按水源可分为河水30个、混灌14个、井水96个；按面积可分为河灌46.8万亩、井河混灌58万亩、井灌（滴灌）10万亩；按作物种植面积可分为棉花12万亩、小麦2万亩、玉米2.7万亩、番茄1万亩；按管理方式可分为村集体110个、合作社管理26个、大户4个；"首部"工程得到广泛推广。从调研情况看，几乎所有调研乡（镇）农户都给予"首部"很高评价，期待自营土地尽早纳入首部工程的呼声很高。以大丰镇为例，全镇拥有"首部"140个，基本实现了滴灌全覆盖。

第
五
章

供给侧结构性改革中农地流转的政府行为：
行为偏好下的政策效应

本章将探讨供给侧结构性改革中农地流转政府行为的政策效应。政府主导农地流转的正效应表现在：增加土地集中度、提高地力质量、减少谈判环节、节约交易时间等优势和便利。

一、农地流转基层政府行为的短期正效应

（一）农地流转基层政府补贴行为的短期正效应

补贴政策及其相关政策组合的实施，促进了土地集聚与要素整合，短期内实现了期望正效应与预期政策目标。从已有研究和调研情况看，主要表现为3个方面（尚旭东、韩洁，2016）。

1. 有利于提升土地要素价值与综合产出能力

流转补贴政策能够将原有耕地"零散不利于规模经营进而影响综合产出"的"弱质性"特征升级为"集中连片有利于规模经营进而增进综合产出"的"强质性"优势，土地综合产出能力进而得到提升。

2. 有助于节约农资与社会化服务购置成本

流转补贴政策促进了土地归集，带动了农资与社会化服务采购的规模化，规模采购提升了要素需求主体的市场交易地位，相比于小规模或分散农户，农资和社会化服务购置的单位成本大幅降低。

3. 有利于提升劳动生产率、社会化服务效率与种粮规模收入

流转补贴政策促成了土地集聚，更大规模的土地有助于开展机械化经营、使用先进农机具和更多社会化服务，从而有利于提升劳动生产率和社会化服务效率。并且，更大的规模使得亩产即使随规模扩张边际递减，但在一定时期内，总收入仍可以随规模扩张不断增加。

（二）基层政府农地"流转补贴＋项目打造＋组织创新"短期效应

1. 交易费用的节约

（1）变与职业经理人委托代理关系为赋予其"剩余索取权"　基层政府农地"流转补贴＋项目资助＋组织创新"之所以能够取得合意个体诉求和政府目标的双赢效应，其背后与管理交易成本和配额交易成本大幅降低不无关系。《经济学原理》《产权理论探讨》和《生产、信息费用和经济组织》对此有详尽的阐释（马歇尔，2007；Demsetz，1967；Alchian et al.，1972），一致认为要克服合作经营中存在的偷懒、欺骗、搭便车等投机行为，必要的监督是不可或缺的，但监督是有成本的，就连监督人自身也存在因为逐利而投机的问题，对监督人的监督会使原监督成本进一步抬升，而避免这一切的最优产权配置是"赋予监督人剩余索取权"，使监督人成为利益共同体成员是克服监督人寻租的最佳方式。理论的核心解释了如何保证组织内部成员的高效生产，共营制中职业经理人收入与其经营管理绩效挂钩的利益联结机制体现了赋予其剩余索取权的组织机制设计。

（2）社员全程参与生产相比雇工经营对劳动生产率更有保障　组织优势的另一体现在于土地股份合作社生产全程使用社员，而非长期或临时雇工，即尽管相当一部分社员因不参与生产经营成为实际意义上的股东，但少数社员（完全满足生产需要）全程参与生产的劳动要素配置使得雇工生产存在的偷懒、欺骗、搭便车等投机行为得以避免。事实上，以劳动生产率高低考察组织成员（社员）与组织外雇工（雇工）的生产效率，显然较难计量或结果差异不大，这是因为当前以集中农资采购、规范化流程操作为特征的标准化生产越来越成为合作社经营的统一范式，在此基础上可估测的工作量使得雇工在劳动数量或经营面积上很难表现出明显的偷懒行为，这使得衡量雇工与社员生产效率的高低更应聚焦于其"劳动质量"——土地产出率上。为验证这一结论，我们引入如下假说：

假说1：不存在雇工偷懒、欺骗、搭便车情况下，耕种相同规模（面积）农地，所使用的合作社社员与雇工数量相同。

假说2：合作社规模经营所带来的标准化生产、多数雇工共同劳动（如插秧、喷药）状态下，单个雇工不太容易表现出明显的偷懒、欺骗、搭便车等投机行为，反倒是雇工间相互仿效和攀比下心领神会、心照不宣、较为默契地以低于自身平均劳动生产率或劳动强度（劳动质量）工作的状态容易形成。

假说3：劳动生产率可细分为"显性劳动生产率"和"隐性劳动生产率"。"显性劳动生产率"表现为劳动者劳动数量，即"劳动耕作率"，体现为单一劳动力所能经营的农地规模（种粮面积）。"隐性劳动生产率"表现为劳动者劳动质量，即"土地产出率"。通常情况下，雇工间相互攀比和仿效下心领神会、心照不宣地主动降低劳动生产率（即投机行为已全面出现）行为，使得单个雇工的显性劳动生产率表现为相似的接近，即单个雇工的显性劳动生产率很难表现出明显的下降或不易追责，否则他可能面临被解雇的风险。这使得使用雇工和社员两种状态下，雇工和社员表现出来的显性劳动生产率区别较小或很难分辨。

假说4：假说3情形下，衡量劳动生产率高低或者其实际效能大小更多取决于隐性劳动生产率，即土地产出率，而非显性劳动生产率。

假说5：使用合作社社员和雇工两种状态下，技术贡献率保持不变，资本投入维持不变。

根据以上假说，引入劳动生产率计算公式

$$LP = \frac{Q}{L} = (\frac{S}{L}) \cdot (\frac{Q}{S}) \qquad (5-1)$$

（5-1）式即为粮食种植的劳动生产效率 LP。其中，Q 为粮食总产量，S 为粮食种植规模（即面积），L 为相同经营规模所需劳动力数量。对 Q/L 进行分解，S/L 为显性劳动生产率，即劳动耕作率；Q/S 为隐性劳动生产率，即土地产出率。在假说2、3、4情形下，显然雇工和社员的显性劳动生产率 S/L 很难有明显差别，这使得 LP 大小将直接取决于隐性劳动生产率（土地产出率）。而能够获得"剩余索取权"的社员隐性劳动生产率显然要高于不能获得"剩余索取权"雇工的隐性劳动生产率。来自职业经理人的亲身感受也印证了这一点，即相比以完成工作量赚取工资为目标的雇工，作为利益共同体的社员，确保"保底收入＋额外分红"或"一次性分配"（两种分配方式）不减少甚至有所增加的收益目标使得社员经营相比雇工经营对土地产出率的保障更为充分。

2. 前付租金流动性的避免及其利息成本的节省

（1）避免前付租金筹措，流动性资金可用于其他要素的购置与服务需求

农业共营制的组织基础是土地股份合作社，农地入股实现了最大成本生产

要素的集聚，即二轮承包期截止前，合作社拥有了对入股农地依法占有、使用、收益和处分的权利，其直接效应是避免了农地流转市场内不得不与多个主体签订流转合同及由此可能面临的流转期限难以保证、流转价格上涨等要素需求的不确定性和稳定性。而直接效应所引致的间接效应更体现在对土地成本的控制上。农地入股与流转农地的本质区别在于前者为要素的短期可支配及其由此带来的零成本使用，后者则是要素交换所带来的成本不确定及其前付租金的筹措，即使用非自有要素不得不支付成本（租金、押金及其可能的贷款）。当前，伴随政府对农地流转市场监管的日趋规范，站在保护承包户农地权益角度，越来越多的地区要求流入方需要提前半年或一年支付次年流转费用并向村（组）集体交纳押金，这使得筹措前付租金不可避免，而组建土地股份合作社则可以很好地规避这一问题，避免的流动性资金可用于其他重要要素的购置与服务的需求。

（2）贷款利率节省与存款利率的获得　土地要素的天然获得使得农地流转不再成为必须，相应的流转费用及可能贷款产生的利息也得以避免。一方面是为前付流转租金不得不动用流动性资金，流动性资金所生成的利息不能享有；另一方面是不需要流转农地进而无需动用流动性资金，流动性资金生成的利息得以获得，即便流动性资金不充裕（没有或较少存款），相应利息可以忽略，但也无需因动用流动性资金而损失利息。考虑到现有技术条件下，通常粮食种植规模效益往往需要较大面积的土地，流转较大面积的土地则需要巨额资金，其所产生的利息（年息）不在少数，两份利息"一出一留"间对合作社资金运转影响较大。

3. 农资和社会化服务规模采购的成本节约

经营权入股实现了土地要素集中连片，集中的农地有助于实现种子、化肥、农药、农膜、农机具等农资的规模采购。规模采购的直接效应是降低了单位面积粮食生产的农资使用成本。同时，通过购买专业化的社会化服务，合作社获得了粮食生产播、种、收全程可公开价格的标准化服务。而政府对社会化服务市场的监管与补贴扶持，使得社会化服务市场价格接近于完全竞争市场价格，农资单位成本的下降与社会化服务的完全竞争市场价格确保了合作社粮食生产成本的节约与上限可控。

4. 对职业经理人才能的激励与绩效考核

（1）职业经理人对粮食产量和社员收入的保障　舒尔茨（1987）指出以传统方式、固有理念经营的农业主体，尽管其拥有丰沛高产的要素，但辛勤的劳作、节俭的经营不足以弥补传统农业的先天劣势。而时下种粮收益低引致兼业化（粗放）经营更使得原本对产出效益贡献边际递减的辛勤劳作和节俭经营变得微不足道。组织的另一大优势在于引入职业经理人，即先进生产要素。相比于普通家庭农场主或者专业大户，职业经理人接受过系统的组织管理培训，很多职业经理人脱胎于种田能手、农机能手、植保能手或"一专多能"手，多数具有常年种粮经验，愿意学习和掌握新技术、新机具，善于搜寻和捕捉农业新动态、新信息，组织和管理生产的能力强、洞察和应对市场变化快。职业经理人的引入，使得原本主要依靠资本 C、农地 S 和劳动力 L 的传统粮食生产函数 $Q = f(C,S,L)$ 加入了先进生产要素 AT，生产函数由此变为 $Q = f(C,S,L,AT)$，这使得"550 千克籼稻＋300 千克小麦"的政府满意亩产得到保障，且正常年份下多数合作社的亩产能够超过这一标准（郭晓鸣等，2014）。从已有文献估测这一产量，即从顺应农村劳动力大量转移、解决今后"谁来种粮"、保障粮食供给安全角度审视这一单产，该产量基本高于两类主体的平均产量：一类是伴随规模经营快速发展所涌现的大规模农地经营家庭农场、专业大户或合作社，另一类则是广泛存在的兼业农户（尚旭东、朱守银，2015）。可控成本与可保障单产确保了种粮收益，为保障社员收益甚至增收夯实了基础。

（2）合理分配机制激励经理人付出更多 合理的分配机制是保障职业经理人工作效能的稳定器。组织优势的重要表现在于对职业经理人分配机制的设计，这体现为赋予职业经理人剩余索取权，但赋予多少是激励的关键。赋予太多势必影响合作社收益进而影响社员收入，也不利于通过逐年提高收入维持经理人的工作激励；赋予太少又很难形成有效激励，也不利于合作社平稳发展。因此，合理的分配机制尤为重要。对此，合作社监事会通过查验经理人履历、评估工作效能、参考其他合作社标准（市场工资）等措施，与职业经理人达成双方可接受的收入分配方案。农业经管部门对经理人的备案审查约束了经理人，使其很难漫天要价，这也促成双方容易达成可接受的分配方案。

（3）监事会对职业经理人行为绩效的考核 除合理分配方案外，"一年一聘"考核机制对职业经理人工作绩效形成监督进而保证其效率，即监事会每年对合作社盈利能力、业务拓展、社员反馈等情况进行审核，以此评估职业经理人工作绩效，并将此作为是否续聘的依据，一旦不续聘，相关信息将通过上报农经部门的方式得以公开公示。这样的制度设计，迫使职业经理人每年都有危机感，为维持其"职业信誉"，职业经理人需要每年都保持高效的工作效率。如来自崇州11个土地股份合作社调查数据的测度结果显示，由职业经理人经营管理的合作社运营水平总体较高（王茂林，2015）。

（三）基层政府主导农地流转竞价模式的短期效应

农地流转竞价模式实施后，取得了一定短期成效，有效兼顾培育本地种粮主体，杜绝工商企业长时间、大面积进入农业，农地适度规模经营得到较快发展。

（1）规模经营面积总量稳步增长　截至2021年年底，J省T市J区20亩以上规模经营面积55万亩，较前3年分别增加11.6万亩、10.2万亩和9.4万亩，逐年增长态势明显。

（2）100～300亩经营户日渐成为农地规模经营的基石与骨干，20～100亩经营户发展壮大　截至2020年年底，J省T市J区100～300亩经营面积28.7万亩、涉及家庭农场和专业大户近1 000家，经营规模与主体数量发展逐年扩大；20～100亩经营面积23.1万亩，涉及大户800户：两类主体已成为当地粮食规模经营的中坚。

（3）流转催生转入方经营面积迅速扩大　2011年前，不仅J省T市J区500亩以上规模经营主体数量少，而且整体经营规模也不大；近年来，伴随政府主导模式不断推进，500亩以上规模经营主体不断涌现，单个主体经营面积迅速扩大，500亩以上的家庭农场、专业大户、合作社成流转生力军。截至2016年年底，500亩以上主体经营面积近4万亩，涉及主体70余家，增幅显著。

（四）农地流转基层政府创建土地股份合作社的短期效应

1. 创造一种依靠贡献累计换取剩余索取权的开放型收益权获取机制设计

合作社设计的土地股份合作社"股权赎买"方案，最大的创新点在于考虑了合作社管理层和员工的"贡献可预期回报"，这对于初创期合作社的管理者和员工而言，是一个莫大的激励。万事开头难，初创期的合作社面临着发展上的诸多不确定性，缺钱、缺人，管理者特别是领头羊至关重要。但如何让管理者和员工心安理得地为合作社发展尽心尽力，需要赋予管理者和员工可预期的"剩余索取权"，为此合作社设计了"股权赎买"。宋洼村"股权赎买"有其门槛，必须是为合作社工作满两年以后的管理者和员工才有权购买股权，两年的设定可以理解为一个过渡期：一方面，可以考察员工表现，根据员工表现决定是否给予合作社股权；另一方面，员工每个月至少500元的工资积累股权，为合作社初创期发展提供了资本积累期，管理者和员工的工资积累可以部分缓解资金压力。过渡期之后，管理者和员工按自愿方式扣缴的工资可以转化为股权（收益权）。由于管理者和员工基本上不是宋洼村以土地入股的村民，实行有别于土地经营权入股村民的"次等权利"赎买，价格为60元/股的两倍，即120元/股，这样的设计不仅照顾了以"身份权"（土地经营权入股成员）入股的广大村民的实际"收益权"，而且一定程度上增加了合作社原始资金积累（单价更高）。因此这样的设计得到以土地经营权入股的广大村民的认可与接受。但"股权赎买"也给了因为"身份权"为合作社作出贡献的员工一个获得合作社成员资格与未来收益的"剩余索取权"，对于初创期合作社的发展起到了很大稳定效果。同时，由于管理者和员工的积极工作甚至无私奉献，使得以土地经营权入股的村民既能看到希望，也相信将未来收益权与自己捆绑在一起的管理者和员工没有理由不办好合作社，对合作社大事小情的表决更为配合，这成为股权设计的另一个好处，即拉近了管理者、员工与广大村民的距离。

2. 实现合作社初创期土地等要素的迅速归集，助力土地流转和规模经营

初创期土地股份合作社，面临缺集中连片土地、缺资金、缺人才等诸多要素约束掣肘。宋洼村以土地入股成立合作社，可以为合作社带来发展藜麦种植最为关键的大面积土地。成立合作社，将政府进行集体经济组织试点改革的190万元资金引入合作社，合作社有了发展的第一桶金；加之管理者和员工的工资积累股权，或多或少也让合作社得到一定发展资金，为合作社解决了"资金"的问题。合作社联合郭利平等一批创业人士，信奉并建立起的"组织文化"连同"股权赎买方案"为合作社吸纳聚拢了包括营销、直播、电商、规划、财会、餐饮、住宿、电玩等多产业在内的众多农村创新创业人才，为合作社发展提供了人才保障。在逐渐解决发展要素瓶颈过程中，以藜麦种植为基础，整合宋洼村自然资源发展形成的"田园综合体"正越来越有模有样，基于一次产业，借助当地特色风光、风土人情、特产美食和第一产业壮大、第二产业发展、第三产业兴起的一二三产融合发展，不断助力乡村产业振兴和农民增收。据介绍，2018年，土地股份合作社社员实现亩均土地收益 90 元/亩·年，远超过之前村民 60 元/亩·年都难通过流转实现的亩均收益，年增收 50％。2019 年，亩均收益因为新冠肺炎疫情暂不能发放，但 60 元/亩的保底收入（主要是先给社员一个交代）已通过网银转账给所有社员和股东，预计亩均收入超过 120 元，环比增收 25％。

3. 这是一个以权利制度设计激发内生发展动力的乡村组织振兴生动案例

合作社的"土地流转后收益股权分配方案"设计是在深思熟虑后完成的，合作社充分坚持了"保护农民权益"这个核心问题，同时又兼顾了股东、村集体、管理者和员工等多主体的"发展权"和合作社的发展利益。对管理者和员工的溢价"股权赎买"，既注重维护土地经营权入股广大村民的"收益权"，也给为合作社发展作出贡献的人员以"成员权"和"剩余索取权"。对于村集体，由于村集体与广大以土地经营权入股的村民存在大量重合，压低村集体经济组织股权价格主要是出于提高管理层决策权的考虑，提升了合作社办事运转效率，为合作社更快更好发展创造更为开放高效的组织表决空间，"决策权的削弱是以收益权的提升为回报的"，以理事长等管理者和股东让渡其原本依据出资比例本应享有的 50％收益权给土地经营权入股村民，实实在在将自己的"剩余索取权"部分转让，既保障了以广大村民为班底的村集体既得利益，也为合作社发展归集到能够发挥高效表决优势的"决策权"，可谓既兼顾多方利益，又激励各主体围绕权利作出的"相向"行为选择。

（五）基层政府引导信托流转模式的短期效应

1. 基层政府设立国有独资"信托公司"模式

（1）促进了土地流转，取得了农民、大户、政府"三满意"的社会效果　目前，草尾镇农村土地信托流转面积达 5.2 万亩，占流转面积的 50％；涉及农户 14 000 户，占总农户的 76％。全镇信托流转土地的农户共有劳动力 5.6 万人，其中外出打工者近 3.3 万人，年务工收入超过 3.6 亿元；为大户和企业打工的农户有 1.2 万人，年收入约 1 亿元。

（2）扩大了农业经营规模，提高了土地效率　目前，草尾镇经营 50 亩以上土地的农户 800 户，较好地解决了农村"有地无力作，有力无地种的现象"。同时他们充分利用资金、技术和设施优势，不仅提高了劳动生产率，也提升了土地产出率。据调查统计，两年来，大户经营粮食生产比一般农户亩产增收 100～150 千克，经营蔬菜生产的大户平均每亩收益在 1.7 万～1.8 万元。

（3）促进生产要素的投入，提高了农业综合生产能力　土地信托流转，引导政府、企业、社会资本纷纷投入农业领域，增强了农业发展的力量。据统计，2012 年草尾镇农业投入接近 1 亿元，其中沅江市大地农业发展有限公司在乐园村投入资金接近 1 千万元，对租赁土地的基础设施进行完善和建设。

（4）减少纠纷隐患　因为有政府出资设立的信托公司作为中间人，信托流转过程中，信托公司不仅承担了担保功能，也有效监管了农户和承租人的违约行为。土地流转违约行为因此大幅减少，农户和大户都很满意，一定程度上降低了土地流转纠纷隐患。

2. 合作社"委托人"模式的短期效应

北京市密云区穆家峪镇水漳村引导农地信托流转的行为，在保障土地不改变性质、不改变农地用途的同时充分维护了农民权益，其短期效应可归纳为几方面。

（1）合作社得到了急需的发展资金等要素资源，农地资源被有效盘活　通过基层政府主导流转，水漳村"SS 樱桃合作社"得到急需的 1 800 万元发展资金，这些资金可用于苗木和技术引进、设施更新、市场营销等亟待发展的项目，短期内突破了资金约束，有望步入发展正轨。以合作社发展步入正轨为契机，借助信托公司参与，水漳村土地经营状况转好，实现了全村 1 680 亩土地与资本要素的有效对接，农地资源的市场价值得到有效发现。

（2）土地始终在农民手中，且所有土地都用于发展农业　在信托模式下，虽然经历了土地经营权的一系列流转，但可以肯定的是，所有流转土地集体所有的性质始终没有改变。村集体主导的信托合同到期后，信托公司有义务将所有土地返还土地股份合作社。此外，水漳村土地信托流转在合同议定阶段就明确强调土地的农业用途不得改变，这也体现在双方合同中。从实践情况看，水漳村所有 1 680 亩信托流转土地全部用于发展农业，未进行任何非农用途和违规建设。

（3）农民拥有绝对的主导地位，短期内成为最大的受益主体　由村集体主导的土地股份合作社和农民专业合作社分别作为土地的委托方和经营方，使农民在产权流转、土地经营、收益分配等全过程拥有话语权。从分配方案看，农民除获得每亩 1 000 元的流转收益外，还将获得农地经营浮动收益的

60％作为分红，而土地股份合作社也将获得 30％的上缴浮动收益，这部分收益未来也主要给社员分红。此外，在专业合作社务工的农民还可获得工资性收入。

（4）实现了要素由城市流向乡村　从要素流向看，村集体主导流转的这宗交易，一定程度上扭转了传统工商资本投资农地经营中普遍存在的"造血少、抽血多"现象，由信托公司依托金融市场对接城市要素市场，将城市中的资金、技术、管理、服务、信息、人员等要素引入农村，促进了当地农业现代化发展，带动农民增收致富。整体看，城市是要素的流出方，乡村成为要素流入方。

（六）完善基础设施助力农地流转的短期效应

1. 增产增收增效效益明显①

例如，新疆维吾尔自治区昌吉回族自治州呼图壁县首部与滴灌系统的结合，实现了增产、增地、节水、节劳的综合效益。与大水漫灌相比，首部滴灌系统能实现节水 35％～40％，节约出来的水可以灌溉更多的土地，因此又能增加耕地面积 15％。农作物的亩产量大幅提高，根据当地经验，几种大综农作物中，棉花产量增加 30％，小麦增产 25％，玉米增产 10％，番茄增产 100％。以大丰镇的棉花种植为例，以大水灌溉种植 1 亩棉花地需用水 550 米³，亩产棉花约 240 千克，亩投入 1 300 元（含拾棉花费用），每千克籽棉按 8 元计算，亩产出 1 920 元，亩纯收入 620 元；以首部高效节水灌溉种植 1 亩棉花，需用水 320 米³，亩产约 350 千克，亩投入约 1 800 元（含拾棉花费用），亩产出 2 800 元，亩纯收入约 1 000 元，因此每亩增收 380 元。"大首部"的效益则更加明显：由于采用新式滤网板，替代了常规河水滴灌配套的"砂石＋网式"组合过滤器，减少过滤设备投入 98 万元；利用重力供水，无需动力加压，减少电力设施投入 640 万元，降低电力消耗 62 万元；与常规河水滴灌相比，年节约运行管理费用 116 万元。在田间效益上，首部滴灌系统可节约劳力费用 30％～40％，每个农工管理的农田可从过去的 20 亩提高到 200 亩以上，平均每亩地可降低运营成本 80～100 元，实现亩均增收 500 元以上。

---

① 注：通过示范水肥一体化滴灌技术推动土地流转和规模经营的成效已在第四章总结说明，这里不再赘述。

2. 促进农业生产机械化和标准化

节水灌溉首部和大首部的发展，要求农田平整规范，实现标准化，这为农业机械提供了用武之地。"首部"和滴灌网管的广泛应用，实现了农业机械在整地、播种、埋管、铺膜上的一次性、多功能作业。如果没有农业机械的使用，人工铺管成本高、用时长、标准差，滴灌的推广也将受到制约。目前全县农作物耕种收机械化率达到84.3%。农田首部灌溉滴管的孔径、孔距、长度都按一定标准实施，按时按量进行灌溉，根据作物生长需要实现精确浇水，生产的标准化程度得到提高。

3. 实现先进技术的集成应用

首部滴灌系统将化肥加入灌溉水中，实现了水肥一体化应用，有机肥等则由经营者单独施用。呼图壁县还推广了滴灌自动化无线控制技术。联丰村的"大首部"工程覆盖范围内，已建成自动化控制滴灌工程8 000亩，有效促进了灌溉农业的提档升级。当地以高效节水"大首部"的节水种植模式为平台，创新滴灌自动化控制技术、水利综合信息平台技术、高效节水工程数字信息定位管理技术等9种新型实用技术，实施微电脑控制滴灌技术和利用手机短信控制滴灌水阀，建成西北地区一流的水利信息化平台，水资源可控化程度显著提升。

4. 促进了土地规模化经营

节水灌溉首部的建设和使用，必须以一定面积的耕地连片为基础，这就要求农户采取规模化的经营方式。首部滴灌的操作方式，是以50～80亩的一个灌区为单元，只要开阀浇水，就至少要有50亩耕地同时浇水。如果一家一户分散经营，作物品种不同，灌溉时机也不同，则无法与首部滴灌系统相衔接。因此，农户主动要求的最佳选择是同一块耕地上，种植相同的作物，耕作时间相同、灌溉时间也相同，实际上实现了土地连片的规模化经营。农户主动要求或者在村集体协调下，相同首部范围内的土地实现统一整地、浇水，由专业服务组织完成相应作业，农户按亩交费；或者以土地入股合作社，由合作社统一经营，从而发挥首部的效益；或者将土地出租给大户，由大户统一经营。这几种方式都有助于土地连片规模经营的扩大，从整体上有利于降低生产成本和提高生产效率。首部灌溉系统的应用，在不改变土地承包关系的情况下，使得农户为了克服水资源约束，走向联合或协同的规模化经营。

5. 促进了农业专业化服务发展

"首部"和膜下滴灌技术的推广应用，催生了专业的工程队伍和滴管生产厂家。农业的专业化分工也更加明显，专业服务不断发展。各首部有专业的管理员，负责用水调度、精确灌溉，保持水资源可持续利用。在"灌溉公司＋农民合作社＋农户"模式下，灌溉公司不仅提供专业化的灌溉服务，还指导合作社准确应用先进农业技术，根据作物生长特性和阶段特点采取综合农艺措施，促进了作物稳产高产。由于连片种植规模的扩大，大型农机提供的整地、播种、埋管、铺膜等一体化、专业化服务得到广泛应用，已成为一种普遍的生产方式，农机合作社的专业服务正在替代农户的小型农机具作业。专业的植保队伍长足发展，病虫害统防统治、统一打药的效果更好，得到农户欢迎。以首部为生产单元的经营户还出现了将作物生产环节按工种分段、按段承包的生产方式，为农业专业化服务的发展提供了很大空间，农业生产效率得到大幅度提高。

二、农地流转政府行为的潜在风险与主要问题

围绕引导土地经营权流转，基层政府在践行农业供给侧结构性改革中积极探索。现实中，补贴政策是地方政府应用较为广泛的一项政策工具，其短期政策正效应较为明显，但一些政策的负效应亦不容忽视。为更好地分析流转（规模）补贴政策对流转供需双方"议价策略"和"询价逻辑"的影响，以下着重分析其他5类农地流转政府行为的潜在风险与主要问题。

（一）政府补贴行为的总体风险与引致效应

一个普遍现象是，农户自营承包地种粮亩均纯收益也就400～700元/亩·年，而要整建制把土地流转出去，价格却远远高于这个水平。研究团队对8个乡村2014年地租水平进行统计，整建制农地流转均价相当于当地自发流转均价的2.0～5.3倍，平均为3.33倍。某县2017年给19个种粮大户（户均542亩）直接补贴230元/亩，2018年就新出现60多家超千亩的租地者（70%来自工商业者），而且租金比上年平均上涨150元/亩；但100亩左右的适度规模经营者并没有多多少。某县一种粮家庭农场主，2017年受当地"肉牛养殖补贴"政策（300头补100万，200头补50万）吸引，拿出自家几十万元积蓄并贷款200万元，到省内各地购买架子牛。卖牛的或牛贩子因听说养牛有补贴，每头牛就地涨价2000多元，农场主买280多头牛多花了近60万元；但由于未买够300头，农场主只得到50万元补贴。据

介绍，其实，能得到补贴的也就十户八户的，整个肉牛养殖产业并不是很好。山东某县农业农村局介绍，该地一蔬菜种植大户在自有资金实力不足的情况下，为争取两笔各 150 万元的"以奖代补"资金支持，不惜贷款 600 万元作为配套资金开展高标准农田建设，后被银行以"先还再贷"为理由收回贷款、不再放贷，导致该大户资金链条断裂，无法维持生产，只能"跑路"了之。另一县农业农村局介绍，当地一些新型主体为争取"以奖代补"项目，不惜伪造项目建设投资验收所需资料和凭证。有关调研成果显示，江西某县出现了发改、农业农村、水利等多部门对同一片大规模农田进行高标准农田建设投资的情况；广东某镇一个 4 万元的小型水利项目，向市、县不同部门同时申报，获得两次项目资金。

总体看，流转补贴政策呈现"去公共化"现象，目标效果有偏移。我国农业发展中，粮食安全、农民增收、耕地保护等很大程度上属于公共目标。但实地调查发现，各地围绕推进超大规模农地经营实施的财政奖补和项目支持等政策，"效果"却偏离了公共目标。

除了出现上述"非粮经营"趋势外，还有以下问题。一是土地流转奖补虽然能够增加农地转出户土地收益，但由于土地租金过高，规模经营者经营风险加大，各地"跑路""退地"现象频频发生，致使土地租金支付不稳定、不持续，影响社会稳定。二是能够获得土地流转财政奖补政策的只是少数，既与小规模自营农户无关，也与多数专业大户和家庭农场无关：被访谈的 312 个专业大户和家庭农场中，得到过现金补贴的只有 63 户（平均规模 467.7 亩）。三是围绕支持农地规模化经营主体的项目资金，很多都用于发展本应由市场决定的高效农业，事实上都支持了本来很富裕的群体，难以从根本上惠顾和拓展普通农民的农业增收空间。四是规模导向型农地支持政策，对资源要素规模化投入有激励作用，但从各地新型主体座谈会上深刻感受到，他们更加关注如何通过扩大农地规模争取政策与项目支持，而对自身、进而带动普通农户如何优化要素结构、挖掘集约化经营潜力动力不足。

（二）"流转补贴＋项目资助＋组织创新"推广局限、内在隐患与挤出效应

作为基层政府农地"流转补贴＋项目资助＋组织创新"的政策创新组合，尽管农业共营制拥有交易费用节约、要素成本节省、经理人才能激励等比较优势，但应该看到，模式的成功也得益于整合多部门协作所形成的良好

运行机制，离不开政府多个财政补贴、多个项目优惠等叠加投入，更离不开政府对职业经理人的培育、对合作社资金运用的审查监管等。但组织创新是有成本的，组织净收益大于零是组织创新的必要条件（张曙光，1992），以这样的标准评判模式创新，显然模式创新背后的短板也尤为明显，由此诱发的隐患也应引起合作社、相关主管部门的重视，处理不当很可能成为制约模式健康、可持续发展的掣肘。

1. 短期效应带有明显地域特殊性及推广局限性

（1）工商资本　因租地经营不善退租致农地无人接盘是农业共营制特殊背景　"失败是成功之母"，农业共营制的短期效应同样来自政府鼓励专业大户和工商资本大规模流转农地的不成功经历。特别是 2009 年，成都市鹰马龙罐头食品有限公司因经营失败退租桤泉镇 3 000 余亩农地，而承包户拒绝接受农地退租。这样的遭遇倒逼着农业部门必须创新经营方式，并最终探索出闻名全国的农业共营制。当时承包户之所以不接受农地退租，主要因为 800 元/亩·年的土地租金很难有企业可以接盘，即便有企业可以接盘，除需支付 240 万元/年的租金外，平整和重新规划如此大面积农地，也需要企业拥有强大的实力或者流动性资金更为充裕。高流转价格、大规模流转所内生的"挤出效应"使得那些想通过流转土地发展规模经营的专业大户、家庭农场望而却步，已转出经营权的承包户也不可能为农地复垦买单，且 800 元/亩的年租金与种地年均纯收入相差无几，回家种地的机会成本显然不及"不劳动就能基本得到一年种地纯收入（租金）＋外出打工"更为划算。正是这样的背景催生了农业共营制的探索与实践。

（2）农业共营制适宜人多地少、适合机械化生产且财政实力较强的平原地区　如前所述，农业共营制在崇州的生根发芽，不仅源于政府推动农地流转的不成功经历，还得益于人多地少、适宜机械化（农机具）耕种收的平原地况、农村劳动力转移普遍等客观条件，当然最为重要的是来自各级财政的有力扶持。应该看到，承包户除获得 140 元/亩·年固定的粮食直补、良种补贴、农资综合补贴外，还能获得 800 余元/人·年的合作社入股收益，而其中来自财政补贴的就有 570 元/人·年，实际需要合作社创收的仅 200 元/人·年。按照当地合作社年均 650 元/亩·年的平均收益水平，仅就种粮（籼稻＋小麦）一项，1.23 亩种粮收益就足以支付一位社员的年收益，如果算上职业经理人收入、合作社运营成本等开支，平均每 2 亩种粮产出即可完成合作社年度收益分配目标。如果合作社还经营其他高效作物，高效作物的亩均收益则可以减轻收益中来自种粮的压力。事实上，近年来伴随粮食收益的逐渐稳定甚至有所下降，合作社经营高效作物的尝试已较为普遍，而时下为顺应农业供给侧结构性改革，响应政府农业生产"调结构、转方式"的号召，合作社正渐进扩大经济作物种植规模，一定程度上分担了收益中来自种粮的压力。但是，应该看到，无论合作社怎样调整种植结构，不可否认的是，至少71%（570元/800元）的社员收入来自财政补贴而无需合作社创收，实际上减轻了合作社的盈利负担。但这仅仅适用于政府财政实力较强且愿意将资金投向农业的地区，非多数地区由此条件可效仿复制。

2. 合作社创设与利益分配模式选择有待商榷

作为组织创新，土地股份合作社自诞生之日起，便天生带有某些争议，如土地股份合作社的股权属性、合作社设立和登记的合法合规性、收入分配方式等。

（1）土地股份合作社创设登记缺少法律支撑　社员以农地经营权作价折资、折股入社，由于农地所有权归属集体，承包权属于社员，社员入股的仅是农地经营权，属于非实物资产，尽管农地经营权从承包经营权中天然分离出来，并被认为天生具有物权范畴，但按照物权法定原则，物权不能由当事人通过合同任意设定，在"物权设定"问题上，法律规定要优于合同约定；而合作社集聚的农地是基于股份合同产生的，权利内容由当事人自主约定。以此为依据组建的土地股份合作社显然不属于"专业合作社"范畴，土地股份合作社的设立与《中华人民共和国物权法》《合作社法》等有关法律规定尚有出入，在设立条件与法律规定不一致的情况下，工商部门对土地股份合作社进行登记很难有法可依。对此，崇州市政府采取了自上而下统筹协调工商、农业、法律等部门的方式，最终推动了土地股份合作社在工商部门的登记。应该看到，在缺少法律支撑、有关条件尚需明确的前提下，土地股份合作社的成立得益于政府行政力量的强势推动。

（2）分配模式难以套用经典设计解释　农业共营制利益分配方式有3种模式：除本按比例分红（一次性分配）、"保底＋二次分红"、"佣金＋超奖短赔"。实际操作中，应用最广泛、最为社员所接受的是第二种模式，但该模式很难套用土地股份合作社利益分配的经典设计——"按劳分配＋按股分红"，无论是"保底分红"还是"二次分红"均与"劳动贡献"无关，股份合作制的"按劳分配＋按股分红"也不能解释"保底分红"的设计逻辑。且多数以经营权入股的社员不参与生产经营的情况，更谈不上所谓的"二次分红"（即"按股分红"）（高海，2014）。

3. 社员劳动获得工资难掩双方雇佣关系

一般而言，粮食等大宗作物生产端的联合，农户间有效需求并不充分，现实中农民粮食生产领域的合作也较多发生在社会化服务、流通、粗加工等产业链中后端环节；产业链前端即深度合作的，特别是社员入股并直接参与生产劳动的情况相对少见。而土地股份合作社中，参与劳动的社员其身份既是股东，还可以理解为"不签订合同的长期雇工"，这可以理解为合作社经营的"内部家庭化"。但按"内部家庭化"（即家庭经营）的有关界定，内部家庭化是不需要为其成员支付工资的，共同分享最终劳动成果的销售所得才是其收益分配的终极目标。而农业共营制中，社员（股东）劳动取得相应报酬，尽管该报酬不能充分体现劳动者（社员）的要素价值，即合作社给予社员的劳务报酬不完全以当时当地的要素市场价格作为标的，但这种实际发生的劳务费用支付，其实质更多体现了社员（股东）与合作社间的劳务交易行为，即劳务雇佣关系。

4. 经理人考核机制加剧"非粮化"

如前所述，一年一聘的用人制度使得职业经理人不得不将保障社员收益作为维持其"职业声誉"的首要任务，否则，第二年很难被续聘。作为股份合作组织，保证股东（社员）收益理所应当是其运营的第一选择，但通过用人制度强化这一保障的结果，必然使合作社所担负的保障地区粮食安全宏观目标让步于微观诉求，落实保障社员当年收入不低于上一年甚至比上一年有所增加的任务必然带来经营行为的改变，而实现目标最直接、最有效的途径是种植结构的调整，即提高能够带来更多利润的经济作物种植比重、压缩利润率较低的粮食种植规模（面积）。从调研情况看，尽管这一过程呈现渐进式调整，但该调整表现出极大的不可逆性，同时又带有某些无奈，这是由于脱胎于政府扶持的农业共营制，无论经营形式如何创新，入股社员年终收益不低于自行流转农地的租金收益是起码底线，否则组织形式创新的价值便无从谈起。在这一点上，满足个体私利永远优先于服务公众公益，一方面这使得合作社经营需要顾及社员收益，该压力最终传导给负责生产经营重任的职业经理人；另一方面，保障社员收入又驱使职业经理人不得不调整经营结构，否则社员收入很难保障，一旦保障收入（有些甚至需要增收）的目标不能实现，经理人连自己的饭碗都难保。这样一来，又背离了政府推动组织创新以实现"未来谁来种粮""保障粮食安全"的政策逻辑。显然，以考核职业经理人绩效保障社员收益、维系组织运行的机制正逐步使合作社经营行为偏离政府政策目标,"非粮化"在所难免。

5. 对土地股份合作社的过分扶持易对其他主体发展形成"挤出效应"

作为基层政府农地"流转补贴＋项目资助＋组织创新"的政策创新组合,农业共营制实现了稳定粮食产出、保障社员收益的政策短期正效应。以这样标准审视其全部政策效应,显然还缺乏对政策"负效应"的考量。从调研情况看,鉴于组织模式较好地契合了宏微观目标,已被当地政府作为政策创新在各方面给予宣传,并将其作为创新农业经营方式、培育新型经营体系的典型代表在更多乡镇推广示范,其发展形势大有"舍我其谁""一家独大"之势。有些乡(镇)为贯彻落实政府决定,甚至主动请缨,力争超额完成上级政府下达的指标和任务。但政府行为具有"挤出效应",对土地股份合作社的过分扶持(补贴＋项目＋相关配套政策),使原本由市场力量自发形成的各类主体受政策诱致主动转变组织内涵或组织形式表面称谓,其结果必然带来要素的不合理流动与非自然集聚,这样的流动属于要素受外力干扰下的短期错配,很难保证其流动的长期有效性和稳定性,必然影响要素流出方的配置效率和机会成本。其最终结果是土地、补贴、项目、资金、企业家才能等生产要素向土地股份合作社汇集,而广大的家庭农场、专业大户等新型经营主体因缺少要素流入,难有作为。对土地股份合作社过多政策扶持所带来的"挤出效应"容易妨碍其他经营主体发展,易形成对其他主体发展的"马太效应＋墨菲定律",即过度扶持土地股份合作社必然会挤占其他主体所能享受到的政策资源及发展空间。而一旦这一局面形成,固有的路径依赖会越发强化资源更多投向土地股份合作社,其他经营主体所能享受到的资源和面临的发展空间会越来越窄,造成强者更强、弱者更弱的局面。其实质是政策效应非但没能扶弱济困、雪中送炭,反而"劫贫助强"、锦上添花。这一点可以从当地农业经管部门负责同志和其他新型经营主体对"谁能享受更多政策资源"的调查反馈中得到佐证,超过78%的新型经营主体认为当前扶持政策主要流向土地股份合作社。

(三)基层政府主导农地流转竞标模式的内在局限与主要问题

政府主导农地流转竞标模式尽管取得了一定预期效应,短期内有利于推进农地集中连片流转,促进规模经营发展。然而,短期效应背后,模式也不可避免伴有某些局限和潜在风险,长远看,短期效应较难长效维系政策目标。

1. "明标竞投"尽管有利于提高流入方准入门槛，但伤感情、坏和气、惹事端、埋纠纷等弊端容易破坏乡里乡亲多年来形成的睦邻友好、和气互助关系，不利于维护农村社会和谐稳定，流转溢价易助推"非粮化"

从基层政府角度，选择明标竞投方式不仅可以将农地流转声势做大，更为公开透明的竞选模式也有利于突显政绩，更高的竞价有助于"送顺水人情"，提高转出户收入，可谓一举三得，竞标户接受、转出户满意、组织方露脸。明标竞投过程中，竞标户间因为志在必得，很容易脸红脖子粗、斗气出狠，其结果不但推高了本该由市场供求关系决定的合理地租，更高的租金也极易增加经营成本。以 QT 镇 SG 家庭农场为例，该农场主为拍得此地，最终出价 1 280 元/亩，如此高的土地租金，使得依靠种粮挣钱变得难上加难；300 亩以内的规模限制，使得完全依靠扩张经营规模增加利润如履薄冰：扩大西瓜种植面积成为权宜之计。因"压对手、争口气"而产生的竞标冲动，不仅不益于稳定农业生产，其引发的争议也易形成"蝴蝶效应"，引发本地农户与外来户勾结、高价争地，更有甚者借高利贷喊价租地，加重了成本负担。同时，竞标户间相互叫价容易破坏乡里乡亲多年来形成的睦邻友好、和气互助关系，部分农户因此关系疏远了、温情变淡了。如果按照 3～5 年竞标一次的规定，多次反复竞标很可能使原本农户间受损的关系面进一步扩大，长久看，不利于农村社会和谐稳定与长治久安。

2. "暗标竞投"尽管可以避免因斗气发狠引发的挫和气、伤感情、损关系等，但难以杜绝竞标户私下串标、合谋竞标等不正当竞价行为，由此竞标户对竞标模式设计反感、不认可等现象时有发生，一定程度抵消了政府行为的正效应

相比于明标竞投，暗标竞投因不用面对面竞价厮杀，避免了农户间，特别是同村同组农户间因相互喊价引发的挫和气、伤感情、损关系等问题，更温和的"写价"形式容易被本是乡里乡亲的竞标户心平气和地接受，有利于避免农户间多生事端。然而，温和表面背后，却暗流涌动。

（1）竞标户"私下串标"行为频发，未能实现公平公正竞标　凡事有利则有弊，恰恰是"护和气、保关系"背后催生了竞标户私下串标。熟人社会、亲友圈的村社关系使得竞标户彼此既相识相亲、又知根知底，相互间容易通过走访打听等了解对手底牌；更有甚者，据当地农经干部反映，以亲友关系为基础，通过"私下给钱、登门送礼"等手段阻止对手竞标或要求对手低价竞标，以此保障自己以更低价格中标。事实上，精明的、志在必得的竞标户往往通过"算差账"办法，背地里操纵中标价格。以3年期150亩860元标底价为例，6人竞标，志在必得农户打算以880元价格中标，其"算差账"如下：考虑给予5个竞标户每户1 000元的好处费（比880元的期望年租金略高），要求5个竞标户竞标价只写860～879元，即不能超过880元，该竞标户合计支付5人好处费5000元，并请5个竞标户美餐一顿。该竞标户如果不这样操作，信息不对称条件下，竞标户开列的竞标价至少不能低于1 000元/亩，否则很难保证一定中标。按最低价1 000元/亩计算，每年总成本较880元增加18 000元，扣除5 000元好处投资，第一年节省成本13 000元，剩余2年还可再节约租金36 000元。对于其余5个竞标户而言，可免费获得"100元（相当于1.5年种粮的纯收益）＋顺水人情"，这样的结果可谓互惠互利，不伤和气。

（2）容易形成"合谋竞标"局面　少数志在必得的竞标户除采取"给钱予惠"手段投机取巧外，合谋竞标也是其善耍手段，只是此类方法对志在必得户要求更高。竞标户为确保中标，常常鼓动亲友参与陪标，"造出来"的竞标户往往依据数量优势可以有效降低高流转价格出现率，更多的"陪标户"还可根据其关系网做其他竞标户思想工作，通过更大的关系面干预竞标价，进而实现控制竞标价格的意图。农户间"你帮我这回、我帮你下次"的默契使得合谋竞标极易达成。如此，暗标竞投变成了少数"人缘好、关系近、影响力大"竞标户间的"轮流坐庄"，这样的结果严重干扰了农地流转市场的健康有序发展，需要主管部门重视。

3. 短租期竞标之殇：到期户末年未履行秸秆还田义务，致使后租户麦苗因较难固土枯死旱蔫的现象时有发生

从调研情况看，QT、XT等镇短期竞标模式（3～5年为周期）存在到期户最后一年水稻收获后因未能续租，不进行秸秆还田，致使茎秆到处残留，风雨吹打后碎段随处散落，新栽麦苗受散落茎秆覆盖，冬季很难得到雨水、阳光滋润，枯死旱蔫现象时有发生。后租户对此叫苦不迭，歉收减产情况频发。受此影响，租户到期后如未能续约，为节约成本，效仿前人影响后来租户收成的做法变得难以说理评判，每轮租期末此类情况时有发生，不仅影响后租户经营收入，更使得竞标模式的正效应大打折扣。

4. 长租期竞标之痛：长租期因租金未能随行就市，转出户对此意见大，为安抚农户，村集体不得不将截留款用于补齐差价，长远看，租金不断攀高

后截留款缺口较难弥补，如何有效平抑民怨成未来乡村治理关键

XT镇SD村自2008年起推行竞标流转，2009年一次性将部分承包地流转至二轮承包期末（2028年），合同规定租金800元/亩，以当时600元/亩市价标准，这一价格预留空间较大。然而，2014年土地流转升温后，土地流转价格大幅攀升，1000元/亩的单价在当地较为普遍。2014年，村集体收取租地户1000元/亩租金，但只支付农户800元/亩，200元/亩差价原本规划用于设施建设、运转开支、债务偿还等。但是2018年后，因流转协议未注明租金随行就市同时未附带其他补充条款，致使大多数承包户对800元/亩租金表示不满，要求拉平差距或废除合同的呼声高涨。迫于压力，2018年以后，村集体不得不将原本截留的200元/亩返还农户。但农户知情后仍不领情，认为村集体截留较多，前几年截留租金也应返还。遗憾的是，当时协议签署人并非目前村支书，现在的村支书对此并不知情，自觉委屈。但收拾烂摊子、擦屁股的活还得由其负责。据其介绍，自己2017年上任，任期3年，2018年已是第二年，2019年又是竞选年，已有村民放话出来，如租金缺口不能解决，自己不但不会选其连任，还会联合大家反对，村支书倍感压力巨大。受此影响，其他工作也不好开展，"不配合、讲条件、遭白眼"等村民反应令现任村支书苦不堪言。可以认为，此类事件如不妥善解决，未来更多乡村治理受此影响恐会捉襟见肘，村集体公信力和执行力恐受损严重。

5. 易形成种粮主体更依赖于政府补贴的"寻租"倾向

当前，尽管质量安全等级农产品（如有机、绿色、无公害）逐渐被大中城市消费者接受；然而在全国范围内，对大面积、多数量普通农产品的刚性需求仍是农产品消费的主流，这也决定了全国范围内普通农产品"天花板"价格将长期存在。与此同时，政府主导竞标模式带来的高价位流转价格，正一步步蚕食着农产品特别是粮食种植利润。从调研情况看，不计家庭农场本家劳动成本下，200~300亩规模的农地一年亩均纯利润300~400元（当地家庭农场主所说的"租地一年忙两熟、全靠小麦把钱入"），使得种粮主体收益主要依赖国家种粮补贴（如水稻、小麦种植综合补贴等）和当地流转补贴（如HH村给予租户租期首年每亩100元补贴）。两项合计500~600元的亩均年利润使得种粮主体收益更多依赖经营面积大小。这样的情况易诱发两大隐患：一是种粮主体更关注种粮面积大小，通过提高亩产集约增加收益已非首选，靠扩大面积粗犷经营才是增加收益最直接、最见效的甜头；二是种粮主体更倾向于对国家粮食种植补贴、流转补贴在内的各项补贴进行寻租。争取农业项目、包装宣传自己、做活表面文章等宣传投资不仅离踏踏实实务农、实实在在种粮渐行渐远，增加的投资短期内也使本来有限的利润更为拮据。类似的行为还易引发"官商勾结"、权力寻租，不利于粮食补贴用于最需要主体的财政补贴政策设计初衷。

（四）农地信托流转的内在缺陷和引致问题

1. 村集体主导的农村土地流转信托创新模式尚处试验期，诸多问题尚不明晰，长期面临经营不善无力支付土地租金的现实风险，正效应受负效应拖累，政府行为很可能好心办坏事，费力不讨好

据调查，在S村土地流转流转的前两年经营过程中，由于樱桃等经济作物市场行情好，土地股份合作社社员（承包户）收益能够得到保障。但自2017年以来，由于市场行情看跌，加之雷电等自然灾害频发（北部山区），导致樱桃产量下跌且价格普遍较低，受此影响，"SS樱桃合作社"很难支付每年1 000元的租金，每年5月的约定支付更是不可能，资金链断裂使得社员纷纷到村集体和乡镇政府上访，请求按时支付租金。截至2018年9月，调研组再次前往S村调研之际，"SS樱桃合作社"已无力支付土地租金，社员纷纷要求土地复垦，但土地复垦资金又无处寻觅，土地只能维持原样。这桩以村集体主导发起的所谓土地流转信托创新模式最终以无力支付土地租金（社员收益）草草收场。因社员要求上访解决问题致使村集体不敢接受采访，害怕事情传出去影响不好，研究团队很难调查到更进一步的事态发展。村集体主导的土地流转可谓搬起石头砸了自己的脚，费力不讨好。

2. 主体身份、信托关系能否被法院承认有待核准

（1）政府"委托人"模式关系复杂纷乱，委托人、受托人主体身份有待核准　根据《中华人民共和国信托法》（以下简称《信托法》），信托活动当事人仅涉及委托人、受托人、受益人三方主体，而政府"委托人"模式与合作社"委托人"模式下，受托人信托公司将本属于其受理经营的土地再次委托给承租人（信托公司称其为土地服务商），增加的承租人身份是否符合《信托法》有关界定，新增委托关系是否已超越《信托法》规定值得推敲。当承租人盈利能力足以应付受托人各项开支（支付金融市场融资利率、成本开销）时，一般不会造成受托人违约风险，也不会出现受托人无力偿还、不能履约的情况发生。然而，一旦承租人因不可抗力、经营不善、市场风险等造成绝产、绝收、无力支付时，双方诉至法院，法院是否承认目前信托合同中的"多头主体"及其纷乱关系仍不能确定。一旦法院依据《信托法》不承认目前"信托"主体身份及相关信托关系，就意味着当地政府与信托公司间的"信托"合同将不具法律效力。如果信托公司无力支付租金或宣布破产，出于保护农户权益、保持农村安定团结的考虑，最终"擦屁股""拾摊子""留骂名"的仍是当地政府。更重要的一点，考虑到农村土地承包经营权的实际拥有者是广大承包农户，而非当地政府，政府作为直接受托人，似乎也不符合《信托法》第一章第二条有关委托人的某些界定，一旦诉诸法院，由此带来的不确定性值得重视。事实上，政府独资的"信托"公司模式也有类似待商榷之处，尽管村委会未明确定位为直接委托人，但集中土地再转交"信托公司"过程显然有直接委托人的特征。

（2）政府独资的"信托"公司模式能否归为公益信托有待认定　政府独资的"信托"公司依托政府出资设立，依靠政府工作人员开展工作，其运作过程有收费行为，这与现行政府机构不得从事经营性活动的有关法律规定不尽一致。政府独资"信托"公司如要保留公益性机构性质，就必须满足从事公益性事业的具体要求，而《信托法》第六十条列举的公益信托类别又未明确涵盖农村土地承包经营权流转事项，其能否划入"其他社会公益事业"范畴，需做进一步探讨。从长远和规范发展角度讲，政府出资组建的信托公司在职能分工、经费来源、税收上缴等方面如何定位，与土地流转服务中心有何区别，如何规避经营风险等问题都是未来不可回避的话题。

3. 信托公司作为金融机构介入农村土地流转尚处试验期，诸多问题尚不明晰

政府"委托人"模式的土地流转信托，如媒体、信托公司、信托界宣传的那样，突破了土地流转瓶颈、提高了土地利用效率、促进了农业产业化经营，为农业增效、农民增收带来了多重利好，实现了土地流出农户、租地企业、信托公司和当地政府的四方共赢。一时间，"土改破冰""意义伟大"等评价不胜枚举。应该看到，作为首单信托，受托人和承租商合作刚刚起步，项目开发资金远未到位，项目启动也仅仅停留在先前基础。尽管项目规划目标长远、内容丰富、预期看好，但再好的设想如不能实现也仅仅如空中楼阁一样，看得见摸不着、理想丰满现实骨感。项目实施中不确定性因素有多少、风险有多大、未知结果有哪些、未来资金筹划能否因融资不利而无以为继等诸多不确定性仍需考虑（尚旭东、叶云，2014）。此外，信托公司介入土地流转，其行为是否符合《信托法》有关认定，动机是否别有他图，能力能否足以履行责任、利润是否长效稳定等问题仍值得观望。

4. 承租人担心农户违约、缺乏有效融资渠道是信托公司介入的内在原因

政府独资"信托"公司模式起源于解决当地农户与外来租地主体间流转矛盾纠纷，目的在于为承租人营造良好、平稳、长久的租地环境，确保粮食生产。而农村土地资源开发涉及环节多、资金需求大、回收周期长，农业企业大多缺乏足够资金，已有投资形成的地上建筑物不能用于抵押融资，政府"委托人"模式启动前，帝元农业公司已在宿州市埇桥区投入 7 000 多万元，建设了温室大棚等农业设施，但未见明显经济效益，招商工作也不尽如人意，融资方面受限严重，后续资金缺口大，这样的背景为信托公司介入土地流转提供了契机。

5. 农民土地承包经营的知情权、监督权和财产权较难保障

相对于传统出租、转包、转让、股份合作等流转形式，土地流转信托涉及主体多、环节烦琐，权利义务关系复杂，普通农民根本不具备掌控合同内容、控制风险的能力。这一点在政府"委托人"模式中尤为明显，从代表农户的反馈情况来看，包括土地流出村村支书在内的多数农户对"土地增值收益"一事并不知情，作为委托人，当地政府并未告知农户。农户将其土地承包经营权信托流转出去，实现了土地承包权、经营权和收益权的"三权分离"，流转期内，农地用途、收益来源、增值收益等与农民再无关系，农民对流转土地有何用途、如何经营、怎样分配也无从知晓，农民享有的土地经营权、用途监督权和收益知情权基本丧失，"三权"如何保障成为今后政府"委托人"模式何去何从不得不思考的问题。当前，政府"委托人"模式刚刚起步，尚未历经实践检验，盲目臆想和夸大成效显然有"急于求成"之嫌，未来如何发展，还应本着客观公正的态度继续考察。

（五）配套基础设施项目的局限和引致问题

新疆维吾尔自治区昌吉回族自治州呼图壁县为推动农地流转、发展农业规模经营、践行农业供给侧结构性改革所推广的"首部"特别是"大首部"灌溉水利工程，在节水、增产、环保方面成效显著。因为有了"首部"，不少地方"戈壁变绿洲、荒野变农田"，农户的种粮积极性被广泛调动起来，"想都不敢想、一种就死"的年代一去不复返，农民再也不用为"灌溉用水接不上、庄稼受晒总枯死"而烦恼。没了用水和技术约束，农户希望通过扩大经营面积增加收益的愿望如"井喷"一样空前高涨。尽管农民扩大经营规模的意愿强烈，但"首部"因受井、河距离远近、投资费用大、投资期长等约束，农民心愿未必一定如愿。与此同时，政府积极增建"首部"尽可能地满足粮食生产、作物种植需要。但伴随越来越多农户加入"首部"，用水量激增问题越发明显。农民扩大经营同时，用水量伴随面积扩大显著增加，尽管"首部"节水技术已很成熟，但面积扩大形成的"刚需"亦如"抽水机"一样，蚕食着技术进步带来的节水成效。是"利用技术进步疯狂发展农业"还是"巩固技术进步带来的成果、可持续发展农业"，成为本次调研后最大的感触：一方面是如火如荼、热火朝天地大搞"首部"建设，期待着粮棉丰产、农民增收再上新台阶；另一方面"首部"技术的"负效应"正考验着原本脆弱的生态环境和持续下降的地下水位。与此同时，"首部"负效应还易诱发一大隐患，即农户更关注种粮面积大小，通过集约生产提高亩产增加收益已非首选，靠扩大面积粗犷经营增加收益才是最直接、最见效的甜头。对于是否有利于水资源保护，避免竭泽而渔，农户并不关心，扩大面积挣到钱才是其核心利益。据新疆当地农业农村部门同志介绍，近年来全县地下水位下降迅速，为有效保护地下水资源，全县已禁止任何形式的水井开凿，对于已有水井，在取水时间、取水量上严格把控，"专人放水、秒表计量、影像监控"已落实到村。已有"首部"节水保障上，仅在供水时间、取水量、放水间隔上进行限制，对于不断扩建"首部"潜在增加用水量的防范，至今仍无规划。通过技术进步发展高效农业的意图是好的，但技术进步产生的负效应值得有关部门注意。不要因解决老问题而创造新问题甚至是更大的新问题，"杀虫无影，污地千顷"的启示不应成为"首部"设计之殇。此外，另一值得注意的问题是，为防止泥沙淤积，"首部"支线使用的毛管每年更换，由专业公司免费回收，但这背后是以财政补贴的巨大支持为后盾的，缺少了财政支持，以盈利为目的的运行企业很难提供可持续服务。为保障"首部"有效运行，尽早建立专项扶持长效机制可谓摆在管理部门眼下"预则立、不预则废"的大事。

近些年来，全国非粮作物播种面积持续增加，耕地"非粮化"倾向问题在一些地方有所抬头。从全国土地经营权流转专题调研情况看，各地不同程度存在土地流转后"非粮化"经营的现象。但总体看，土地经营权流转与耕地"非粮化"之间没有必然联系。防止耕地"非粮化"，一方面需要进一步提高种粮效益，另一方面需要进一步加强监管、引导和服务。

应该看到，尽管有些地方政府在基础设施上加大投入，但是基础设施建设和中低产田改造滞后成为最大"短板"，制约要素供给质量、配置效率和综合生产能力提升。基层干部普遍反映，农业基础设施欠账太多，中低产田改造太慢，成为提升要素质量、配置效率、综合生产能力和促进农业转型升级的最大障碍。黑龙江省肇东市 2019 年发生较大面积和不同程度的干旱，但调查发现，干旱地区农民抗旱浇水的现象并不多。究其原因：除了农民认为玉米价格低、抗旱不合算以外，缺少方便实用的浇灌工程、设施、水源等是根本原因；不少地方平均 400 亩耕地才有 1 眼机井，机井根本覆盖不了耕地，而且浇灌难度极大、成本极高。山东平度市反映，近些年当地粮食产区的高标准农田建设取得较大进展，但水利设施配套严重不足，"靠天吃饭"仍是常态，更不用说蔬菜、林果产区的基础设施和高标准农田建设，根本无力顾及。

与此同时，自然资源的开发利用过度，水土和环境污染堪忧，导致农产品质量安全水平和农业可持续发展能力受到很大影响。近些年，为保障粮食安全和重要农产品供给，我国付出了巨大的资源环境代价。林地、草原、陡坡和易沙化土地开垦种粮，草原过牧、地下水超采；化学产品过度使用和超大规模养殖，在化肥利用率不到 40%、农药利用率为 35%、农膜残留率高达 40% 的情况下，造成面源污染严重、点源污染增多，全国 70% 以上的江河湖泊受到污染，上亿亩耕地不同程度受到重金属污染。研究团队 2019 年实地调研发现，西北地区某县有 20 多年的农膜使用历史，每年每亩耕地使用农膜 5～6 千克，但只能回收 30%～40%，每亩耕地已累积残留农膜 60～70 千克，存在巨大的水土污染隐患。一些蔬菜产地，由于温室、大棚等面积迅速增加，重茬、连作导致蔬菜病虫害加重；大量长期使用化学农药，病虫害普遍产生了抗药性，不仅使蔬菜上农药残留严重超标，也使农药使用呈现恶性循环，对蔬菜质量安全构成巨大危害。

（六）农地流转政府行为引致"非粮化"情况

从 2020 年 31 个省份农地流转面上调研情况看，全国农地流转"非粮化"经营比例为 35.7%，不同区域、不同经营主体差异明显。分区域来看，东、中、西部地区流转农地"非粮化"经营比例分别为 44.1%、15.8%、63.6%。比例最高的 5 个省份是广西（89.6%）、贵州（85.6%）、北京

（85.1％）、西藏（84.7％）、云南（79.1％）。13 个粮食主产省份的平均比例为 25％，其中黑龙江为 1.4％，吉林、江西、河南、湖南低于 19％，安徽、内蒙古、湖北不超过 28％，四川、河北、江苏、山东和辽宁不超过 37％。从不同经营主体看，流转入家庭农场、农民合作社和农业企业的农地从事非粮经营的比例分别为 14.7％、30.1％和 68.7％。其中，东部地区的比例分别为 13％、29.7％和 71.3％，中部地区分别为 10.9％、22％、27.6％，西部地区分别为 44.5％、47.7％、86.2％。由此可知，东、中部地区仅 10％左右家庭农场流转农地后不种粮，不到 30％农民合作社流转土地后经营非粮作物；流转入农业企业的农地从事非粮经营的比例在 3 类经营主体中最高，东、西部地区流转入农业企业的农地大部分从事非粮经营。

近年来，随着国家对"非粮化"现象的重视，在各级政府、各级农业农村部门联合防范和打压下，土地流转直接"非粮化"经营的简单粗暴形态日渐收敛，取而代之的是土地流转日趋"隐性非粮化"和"渐进非农化"，这成为规模经营主体巧妙、迂回钻政策空子，既能不受政策干预甚至还可以打擦边球、享受政策补贴，又能赚取高附加值收益的行为选择，也是土地流转"非粮化"的新变种。

1. 流转追求高收益诱致"隐性非粮经营"时有发生

新修订的《中华人民共和国农村土地承包法》明确将"入股"列入两类主要流转方式之一，这在一定程度上增加了统计口径的"非粮化"现象。从调研情况看，将耕地归集到土地股份合作社发展特种经营或调整作物结构，粮经混合、粮水种养等"全部非粮化"或"部分非粮化"现象时有发生。西部某省份产粮大市的一些土地股份合作社根据不同季节选种不同经济作物，适度发展"非粮经营"。有代表性的是冬季将部分水稻田改种草莓，春季继续种植水稻；部分水稻田养殖小龙虾（即"稻虾共生"），既不使用农药和化肥，又能出产高品质稻米和小龙虾。然而，实际情况是，一些合作社为实现收益最大化，大幅压减水稻种植面积，只有稻田四边用于种植水稻，中间大面积区域养殖小龙虾。由于小龙虾养殖量大，不得不投喂饲料和生长剂（一种让小龙虾加快生长的药剂），这在一定程度上影响了水稻生长，让本就因面积不足水稻的有限产量面临不确定性。进一步调研得知，合作社不太关心水稻产量，"稻虾共生"为的是给某些项目工程提供可供参观的样板点；合作社在主要路段沿线确实开发了一些稻田养殖小龙虾，水稻种植面积较大，但都是一些供参观展示的"形象田"，其他多数水稻田还是主要养殖小龙虾，近年市场行情好，产量越大利润越多，社员也支持这样做。这种顶着落实政策要求、创新经营模式的隐蔽型"非粮化"现象在其他地区也时有发生。

2. 流转土地直接用于经营高附加值种养业个别点发

从调研情况看，一些地区流转农地用于经营高附加值作物的现象偶有发生。中部地区的 H 省 J 县某生态水产养殖有限公司在 B 镇累计流转近 6 000 亩稻田养殖小龙虾，计划继续扩大流转规模，打造万亩生态小龙虾养殖基地。由于养殖收益可观，加之流转土地集中连片，土地流转价格也由 700 元/亩·年，大幅升至 1 200 元/亩·年。2019—2020 年，小龙虾经营成本迅速上升，加之 2021 年受疫情影响，市场行情惨淡，虾农亏本经营的不在少数，土地集中连片流转价格也相应回落至 600～800 元/亩·年。尽管如此，土地流转价格也普遍高于种粮用途土地流转价格（500～600 元/亩·年）。集中流转土地发展"非粮化"经营是土地流转价格显著"溢价"的直接原因。

3. 功能区"非粮化"偶发，"趋粮化"成主流趋势

对于绝大多数粮食生产功能区，粮食种植依托项目开发、主体培育、财政补贴、产业化经营等支持手段，产能得以维持、产量得以保障。应该说，流转土地发展"非粮化"经营的比例整体较低，尽管有一些"调结构、转方式"等方面的探索，但总体比例小、分布零散，相反"趋粮化"趋势越发明显，即种粮主体更愿意继续流转土地，发展粮食规模经营，而非"非粮化"经营。比如，J 省 J 县的一些家庭农场主在扩大流转土地用于种粮同时，适当调整少量土地种植蔬菜、散养家禽、开办农家乐、建设稻谷博物馆等，推动水稻种植、稻米加工、社会化服务、休闲农业等"三产融合"发展。这些家庭农场主通过这样的方式推动稻谷可持续经营，主业仍是水稻种植，类似的情况在多个县（市）都有发生，但其目标都是作为粮食规模种植的有益补充。某种意义上，这种"辅助型"非粮化经营不仅未对粮食种植规模造成影响，相反在一定程度上通过保障粮食规模经营收益，对粮食提质增效，确保落实藏粮于地、藏粮于技政策提供了有益的尝试。

4. 流转"非粮化"渐进助推农地经营的"非农化"

2016 年以来，在中央、农业部（2018 年 3 月成立农业农村部）对流转土地非粮经营严格监管下，流转土地非粮用途现象较少发生，但也有一些例外。一些产业化龙头企业依托重点项目整村整乡整建制流转耕地，建设所谓的农业功能园区，在大面积耕地上种养经济作物、硬化地面、修建非农设施等。H 省 Z 市某国家产业融合发展示范园是 H 省某科技集团近年来建设的国家级重点农业产业融合发展项目，全省上下高度重视，整合多项目重金打造，旨在建设涵盖现代农业、食品加工、乡村旅游和仓储营销的集农工、农商、农旅"三产融合"与土地规模化、农业园区化、增收多元化的现代农业产业园区。公司流转16 800亩土地（多数为耕地），按照休闲农业要求，高标准打造了智慧农场等多个"非粮化"经营比例较高的"农场"，土地初始用途为种植经济作物和部分高品质粮食，随着园区建设不断推进，种粮比例进一步压缩，花卉园艺、经济作物（特色果蔬）、特种养殖的面积大幅提升，后期休闲园区的建设规模慢慢扩大，整个园区建设呈现"流转土地→非粮经营→非农经营"的渐进思路，"非粮化"成为"渐进非农化"的过渡形式。由于有国家级园区建设项目作为依托和"背书"，"非粮化"不但不能避免，相反还成为"非农化"的过渡踏板，类似情况对于粮食生产功能区保障粮食供给安全构成隐患。

农地流转政府行为对土地要素市场影响：

要素流动、价格决定与成本变动

　　本章探讨农地流转的基层政府行为对土地要素市场的一系列影响，及其在此基础上对农地经营成本的影响。现实中，农地流转政府行为较多表现为基层政府主导农地流转，基层政府主导农地流转有其正效应，表现在：增加土地集中度、提高地力质量、减少谈判环节、节约时间成本等优势和便利。但该行为也有其负效应，表现为：引致地租"乘数效应"、提高承包户"溢价地位"、抬高经营成本、挤压经营利润等。

一、政府行为将原有农地流转一元供需市场分割为二元供需市场，引致"地租乘数"效应，放大农地需求弹性，助推流转溢价，提高农地经营成本

　　为便于分析，本章的分析仅以种粮用途为例（假设条件如表6-1）。

表6-1　基层政府主导农地流转引致"地租乘数"的条件假设

序号	条件假设
1	农地种粮用途不变
2	农地流转双方都是理性的市场主体
3	现有技术条件下，经营者认为农地产量与经营面积大体成正比，即经营面积越大，产量越高
4	农地需求方边际需求弹性受近年来稳定经营预期利好影响较之前有所提高
5	当前受政策合理性和市场调配合力影响，经营规模将进一步扩大，农地边际需求弹性有望提升并大于供给弹性

（续）

序号	条件假设
6	农地流转期限受经营预期利好、"多数农民仍将土地作为非农经营风险的退路，更多流转是短期的，甚至无明确期限，转出户可随时收回土地"共同影响，流转期限越来越短
7	短期内，农用机械效率提升对降低成本的贡献远不及地租溢价与雇工工资上涨对成本的抬升

近年来，受国家粮食最低收购价托市影响，三类主粮作物种植的市场风险相对较小，种粮预期收益相比其他经济作物较为稳定，这使得种粮大户、家庭农场等主体期望经营更多农地、获得更多收益，农地需求方边际需求弹性（mpd_{LR}）受经营稳定预期影响相比之前有所提高，表现为需求曲线由 D_0 向 D_1 平移（图 6-1）。现实中，基层政府未主导的市场配置下（图 6-1a），需求的增加直接导致了农地供给曲线由 S_0 向 S_1 平移，农地供需变化使得原有均衡点 A 向点 B 移动，这使得农地流转价格由 P_0 升至 P_1。基层政府主导流转后，农地流转由原本"分散承包户→集中租地者"的"一元分散供求市场"被分割为"农民→镇（乡）基层政府"和"镇（乡）基层政府→集中租地者"的"二元集中供求市场"。该变化直接扭曲了市场配置下的供求关系，并通过"地租乘数"的传导得以实现

$$me_{LR} = \frac{1}{1 - mpd_{LR}}$$

me_{LR} 即为基层政府主导农地流转的"地租乘数"，mpd_{LR} 为农地边际需求弹性，地租乘数假设条件如表 6-1 所示。基层政府主导农地流转后（图 6-1b），人为放大了农地需求，使得农地边际需求弹性 mpd_{LR} 变得更为富有，农地需求曲线因此向左倾斜并进一步移至 D_2，而非像边际需求弹性未变情况下右移至 D_1，mpd_{LR} 的增加使得地租乘数被扩大，地租乘数的扩大使得流转价格相比单纯市场配置下的价格进一步提高，原本市场配置下的流转价格 P_1 逐步升至 P_2，均衡点由点 B 右上移至点 C。图 6-1 比较了市场配置下农地流转价格自发形成（图 6-1a）和基层政府主导下农地流转价格变化（图 6-1b）。显然，基层政府主导流转尽管有利于增加土地集中度、整合高质量耕地，但被放大的需求却导致流转价格"虚高"。

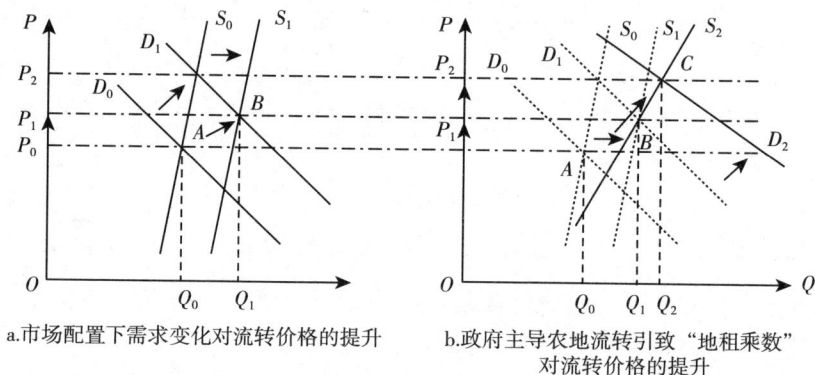

a.市场配置下需求变化对流转价格的提升   b.政府主导农地流转引致"地租乘数"
                                           对流转价格的提升

图 6-1　市场配置和基层政府主导对农地流转价格影响的比较

二、农地流转政府行为对土地要素供需特征改变和市场均衡的影响

农地流转补贴政策短期内实现了农地要素的规模流动，有助于农业规模经营及相关要素成本集约。然而，农地流转补贴政策在产生上述正效应的同时，负效应亦如"双刃剑"一样不可避免，主要表现为：诱致溢价、引致创租、对小规模主体的"挤出效应"与规模主体的"自我挤占"、助推规模经营"去适度规模化"倾向及对土地产出率保持的负向激励等（肖大伟，2010；王文龙，2017）。

国际贸易中，依据贸易量大小、交易金额多少，有贸易大国和贸易小国之分。贸易大国因其市场容量足、贸易体量大，往往对贸易中的产品定价影响深远，贸易小国的影响则相对有限甚至微不足道，农地流转市场具有类似的特征。需求端（转入方）广泛存在着类似贸易小国的"小规模或分散农户"及诸如贸易大国的"中大规模经营主体"。流转补贴政策的实施，短期内将引发市场供需数量、均衡价格的变动，同时由于流转需求量的不同、主体实力的差异，补贴政策的实施对不同规模主体的影响也不尽相同。为进一步探究流转补贴的政策效应，根据问卷设计，本研究中区别设置了"中大规模经营主体"（流转大户）和"小规模或分散农户"（流转小户）两类主体，同时假设如下.

假设 1：农地供需市场的供给曲线为向右上方倾斜的曲线，需求曲线为

向左上方倾斜的曲线。作为稀缺的重要生产资源，土地供给特别是集中连片、一次性可获得的大规模农地供给从来就是缺乏弹性的，短期内可将农地供给曲线视为直线。

假设 2：短期内中大规模经营主体流转需求变化对流转市场影响较大，小规模或分散农户的流转需求影响相对有限甚至微不足道。

假设 3：由于中大规模经营主体流转需求数量大、集中连片程度高，往往在流转交易中处于被动地位，其需求价格 P_M 相比小规模或分散农户交易价格 P_m 通常要高。在以"熟人关系"为主导的乡村社会，交易信息很难实现不对称，这使得两类主体的实际交易价格经多回合比较、博弈后往往介于 P_m 和 P_M 之间。

假设 4：流转补贴政策实施后，农地需求弹性变得富有，这使得流转价格容易呈现"溢价"，高价格对资本实力相对较强的中大规模经营主体流转需求影响较弱，对资金实力有限的小规模或分散农户流转需求影响较大。

农地经营规模与流转面积正相关，大规模农地经营往往依赖更多的流转土地。根据流转需求大小，可将农地流转（转入）需求主体分为两类：一类是经营规模符合流转补贴政策要求的中大规模经营者，另一类是流转规模尚未达到补贴条件，不能享受政府补贴的小规模农地经营者，即多数存在的小规模或分散农户。现实中，农地流转政府行为更多表现为地方政府的补贴行为，实施流转补贴（或者说流转后规模经营补贴）可以更好激励土地流转，实现流转土地向规模经营主体的转移。由于获得补贴大小与流转规模成正比，因而可以假设政府对符合补贴条件的经营者面积补贴金额为 s。在未实施补贴情形下（图 6-2），$A_1 A_2$ 表示小规模或分散农户的流转需求曲线，$B_1 B_2$ 为中大规模经营主体的流转需求曲线，$B_1 E_1 F_1$ 为农地流转市场的总需求曲线，S 为流转供给曲线。在流转供需实现均衡时，小规模经营者或分散农户的流转需求量为 d_1，中大规模经营主体的需求量为 d_2，流转市场总需求量为 D_0，均衡价格为 P_0。中大规模经营主体享受到流转补贴 s 后，受补贴政策激励和边际需求弹性变得更为富有共同影响，中大规模经营主体流转需求曲线向上平移 s 单位，流转需求曲线由原 $B_1 B_2$ 外移至 $C_1 C_2$，市场总需求曲线进一步上移至 $C_1 E_2 F_2$，假设流转供给曲线在政府实施补贴政策后未立刻发生变化，即流转补贴政策实施后，短期内（通常一个经营周期，即两季收成）未对流转供给产生影响，进而也不能通过供给变化影响需求变化，此时流转市场总交易量由 D_0 增至 D_1，均衡价格也由 P_0 升至 P_1，即流转出现"溢价"。均衡价格的提升，显示短期内农地转出方（承包户）通过流转价格"寻租"，获得流转补贴政策的好处，这可以理解为流转补贴政策的"创租"效应。

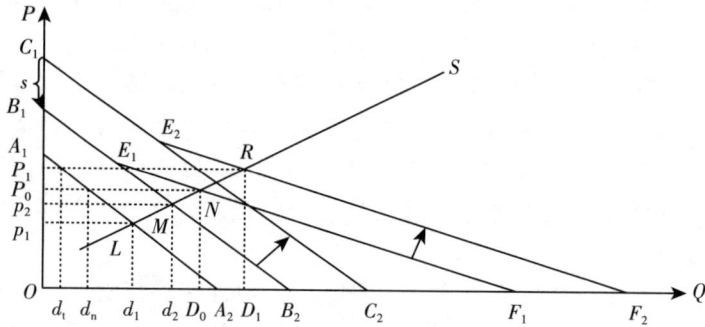

图 6 - 2　农地流转补贴政策实施前后土地流转市场均衡的变化

三、农地流转行为对土地经营成本的影响

进一步分析，基层政府主导农地流转引致的均衡价格提升（图 6 - 3a）使得流入方种粮短期平均成本不但由 AVC_0 升至 AVC_1（市场配置下供求变动对短期平均成本的提升），且进一步抬升至 AVC_2（图 6 - 3b）。考虑到农地经营带来的规模效应可部分抵消农地价格上涨、雇工工资增加导致的短期平均成本上升等影响，短期平均成本 AVC_1 既可降至 AVC_{2a}，也可反升到

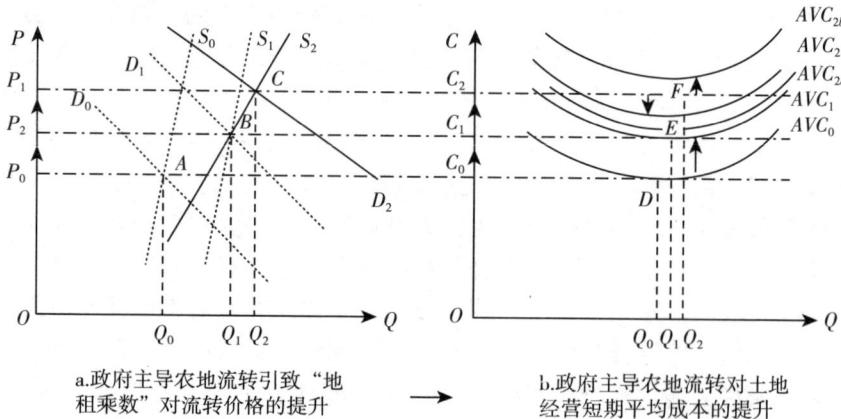

a.政府主导农地流转引致"地租乘数"对流转价格的提升　　b.政府主导农地流转对土地经营短期平均成本的提升

图 6 - 3　基层政府主导流转引致"地租乘数"对农地经营短期平均成本提升

AVC_{2b}，这取决于"雇工工资上涨弹性"与"规模经营效应弹性"大小关系。显然在假设 4 前提下，AVC_2 很难降至市场配置下的 AVC_1，更不可能降回 AVC_0。图 6-3 刻画了基层政府主导相比市场配置对经营者种粮短期平均成本的影响，显然基层政府主导行为提升了经营者农地经营的成本。

四、政府行为易形成对小规模或分散农户的"挤出效应"和对中大规模主体的"自我挤占"

仍以流转补贴这个基层政府最有效的政府行为为例，流转补贴政策对小规模或分散农户的"挤出效应"是指由于补贴政策可能推动流转溢价，溢价使得能够获得补贴的中大规模经营主体因其规模优势、资本实力等，相比小规模或分散农户更容易接受溢价（本身实力强且还能获得补贴），从而造成了因为补贴门槛（即必须达到一定条件才可享受补贴）成就的强者更容易获得补贴，弱者很难受惠于补贴（即弱者更容易被强者"排挤"）的补贴享受"不平等"现象。进一步考察图 6-2，补贴政策的实施使得流转均衡价格出现溢价，受溢价影响，小规模或分散农户土地总需求量由 d_n 萎缩至 d_t，此时中大规模经营主体需求量由 D_0 增至 D_1，即补贴政策引致的流转需求增量主要被中大规模经营主体所占据，同时中大规模经营主体还挤占了小规模或分散农户因"溢价"而减少的流转数量（尚旭东、朱守银，2017）。

事实上，尽管中大规模经营主体能够挤占小规模或分散农户流转份额，但溢价仅能部分贡献对小规模或分散农户的流转挤出，相当一部分流转份额因中大规模经营主体未能占有而造成实际流转资源的浪费，即流转需求的"自我挤占"。如图 6-4 所示，d_m 和 D_M 分别为小规模或分散农户和中大规模经营主体的农地需求曲线，S 为农地市场土地供给曲线，此时无论小规模或分散农户还是中大规模经营主体面临共同的供给曲线。流转补贴政策实施后，为获得更多补贴，中大规模经营主体需求曲线向外扩张至 D_M^*，考虑到中大规模经营主体在流转市场的地位与其需求决定力量，在 2、3 假设条件下，流转价格因中大规模经营主体需求增加而出现溢价，均衡价格由 P 升至 P^*。溢价使得小规模或分散农户不得不调整其经营规模，经营规模由 q_m 萎缩至 q_m^*，小规模或分散农户流转需求被挤占 $q_m^* q_m$。此时，中大规模经营主体流转需求由 Q_M 增加至 Q_M^{**}，然而由于流转溢价的原因，其需求增加被挤出 $Q_M^* Q_M^{**}$，实际流转需求增量仅为 $Q_M Q_M^*$，小于未溢价情

况下的增量 $Q_M Q_M^{**}$（尚旭东、朱守银，2017）。

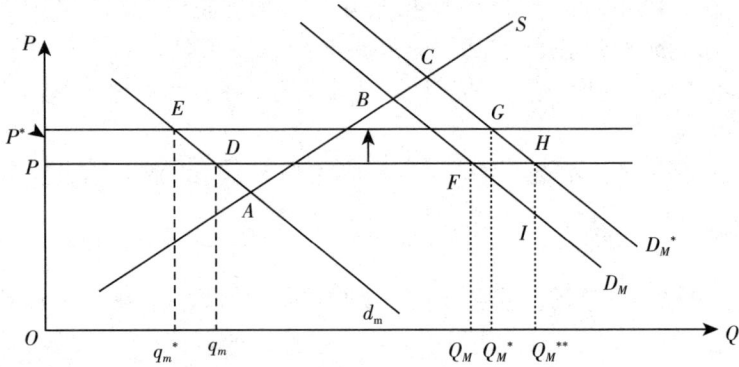

图 6-4　农地流转补贴政策对中大规模经营主体流转需求的挤出效应

第七章

农地流转政府行为对供需双方行为逻辑的影响：

交易策略与行为预期

上一章分析了政府行为对农地流转市场分化、土地要素流动、流转价格决定及其对农地成本的影响。本章聚焦农地流转价格对土地供需双方交易策略、契约订立及其行动预期的影响。主要分析以下几个内容：一是农地流转政府行为下，占据供给优势地位的承包户的"议价策略"和"询价逻辑"；二是政府行为对供给方行为的影响——溢价状态下的行为延续与策略保持；三是政府行为对需求方（流入方）行为的影响——溢价"棘轮效应"的被动接受与选择无奈；四是政府行为效应下的需求方行为预期——在意补贴金额的"扭曲租种"行为。

一、承包户在卖方垄断下的"议价策略"与"询价逻辑"

从调研情况看，在供给侧结构性改革背景、地方政府压实粮食生产责任考核机制下，农地流转地方政府行为的一个直接效应是放大了农地需求效应，抬高了原本承包户在市场配置下不具备或者尽管具备但相对较低的"询价"（议价）地位，并由此产生承包户的一系列"询价逻辑"（图7-1）。

农地流转地方政府行为的目标是实现农村土地"长时间、大面积流转"，实现承包权和经营权的有效分置，确保流入方能够持久地投入。为实现这一目标，大规模、整建制农地收拢必然要给多数承包户一个让其"动心"且从"纯收益净值"上可交代的"亲民价"。从调研情况看，该价格普遍接近甚至超过市场流转的"天花板"价格（图7-1a）。考虑到承包户再谋生收入的不稳定性，这一价格要能够达到多数农户可接受的预期。从承包户角度看，其能否接受流转取决于三大要素（表7-1）。一是承包户将承包权看作财产权下的农地经营权流转价格能否满足其可估量的预期。调研显示，流转价格为当地年耕种总收入的60%～80%已被接受。二是承包户将承包权看作财

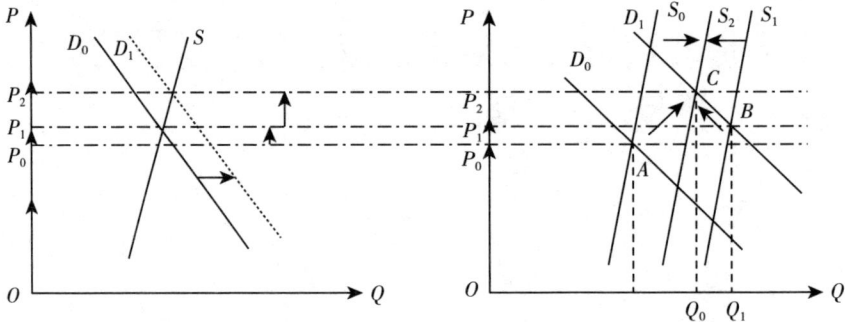

图7-1　农地流转推动的承包户"卖方垄断"下议价策略对农地要素成本的抬升

产权下的以最高地力等级或较高经济作物预期收益进行核算的农地经营权流转价格。三是以经营权收益估计的承包户转行收入自我评估。承包户考虑是否流转、期望流转价格时，常常要综合考虑"最低务工收入＋自身竞争力（如身体情况、年龄大小、从业范围）＋家庭情况＋务工距离"等因素再做决定。其结果是：一方面，承包户对流转价格报以更高期待；另一方面，因为是基层政府主导而非农户自愿，这使得农户在议价策略上"占据道德和心理层面主动"。某一时点、某一地区内，可流转农地的供给曲线为 S（图 7-1a），基层政府主导后，P_0 为基层政府给予承包户的"亲民价"，显然 P_0 已接近市场配置下的"天花板"价格 P_1，考虑到承包户"询价地位"由"对等主体"变为"卖方市场主体"，且按最高地力等级或经济作物收益进行询价，流转价格必然冲破 P_1 至 P_2。尽管基层政府给予承包户可接受的"亲民价"，但因询价地位的提升，承包户可以在有保障价格的基础"得寸进尺"地询价，其直接后果是将原本承包户"流转也可、不流转也罢"或"随行就市流转"的农地变成了"不必担心价格且肯定有人要"的香饽饽。更有甚者，一些地方基层政府给予经营者每亩一定金额的流转补贴，这更成为承包户询价的砝码。

表7-1　承包户愿意流转农地的预期估计因素及其所属权利属性

序号	基层政府主导流转下影响承包户流转意愿的预期估计因素	所属权利	劳动成本的双重负担
1	农地流转价格能否满足承包户可估量的中上等预期	财产权	务农劳动成本负担

（续）

序号	基层政府主导流转下影响承包户 流转意愿的预期估计因素	所属权利	劳动成本的 双重负担
2	承包户以最高地力等级或较高经济作物预期收益核算农 地流转价格，这一做法具有"羊群效应"	财产权	务农劳动 成本负担
3	承包户对自身转行竞争力及可预期收入的自我评估	经营权	务工劳动 成本负担

与此同时，承包户议价策略为迟迟不允诺或有意拖延，甚至联合溢价（图 7-1b）。假设条件同图 7-1a，因基层政府需要大面积农地，农地需求曲线由 D_0 向 D_1 移动，需求的增加使得供给曲线由 S_0 移至 S_1。现实中，由于一部分承包地位于整个农地中间，这使得那些中间地块承包户在占据询价优势后"延缓供给"，而该行为容易在承包户因坚持而获得溢价后被其他承包户"效仿"。其他承包户效仿的结果是将原本为 S_1 的供给因"代价而沽"或"延缓供给"萎缩至 S_2，因供给量缩减，原本被抬高的价格 P_1 进一步升至 P_2。显然，当前承包户议价策略在国家三令五申"不得违背农民意愿强行流转、不得损害农民权益"下有其政策优势。基层政府主导流转引致承包户议价策略改变推动了农地流转价格"溢价"。

二、政府行为对流转双方交易行为的影响："溢价延续"与"棘轮接受"

基层政府主导流转造成的流转"溢价"不但影响"当期"流入方经营成本，按现有种粮和高附加值经济作物经营预期计算，其传导效应也会在"继期"内影响继任流入方（原流入方也可顺延）。由于大规模农地的稀缺性，作为卖方市场的承包户本轮已获得流转"溢价"，溢价传导具有"棘轮效应"（假设条件如表 7-2）。

表 7-2　基层政府主导农地流转溢价传导"棘轮效应"条件假设

序号	条件假设
1	某时点、某地区基层政府主导农地流转所能调动的农地是有限的，即农地供给并不 能随需求的增大而无限增加
2	受农地供给相对有限性和"溢价"联合影响，农地"继期"流转需求相比"当期" 未有较大提升或基本未变

（续）

序号	条件假设
3	流转双方均为理性的经济主体
4	基层政府主导流转导致承包户询价地位提升使得其无论在"当期"还是"继期"都拥有较强的市场卖方主动
5	承包户享受到询价地位提升所带来的"溢价红利"后很难主动下调流转价格
6	按当期或前期农地经营预期预测，单个承包户的不主动下调流转价格具有"羊群效应"，多数承包户会跟风观望、不急于流转

通常情况下，承包户很难主动下调流转价格，较为通行的做法是维持上期价格甚至小幅上调（随行就市下调的很少）（图 7 - 2）。较多情况下，"继期"租地人很难有足够的"询价"空间，溢价"棘轮效应"使得其不得不接受"既成"高价甚至涨价，否则大规模稀缺土地很难获得或已有投资恐难维系。图 7 - 2 中，ADB 为某一时点、某一地区农地供给曲线 S，横轴 Q 为农地供给数量，纵轴 P 为农地流转价格，由于基层政府主导使得承包户在当期农地经营权流转中处于"询价优势"，承包户很难主动下调价格，承包户不降价行为实际上改变了农地供给弹性，使得原供给曲线偏折为 EDA (S_1)。显然，按当期供给量 Q_0 计算，"继期"该面积流转价格很难维持在 P_0，很可能升至 P_1，当农地总体供给量仍为 S_1 时，P_1 价格对应的需求曲线应为更大需求量的 D_1，而非 D_0。现实中，无论流转溢价多大，"棘轮效应"使得土地流转价格很难降回至 P_0。

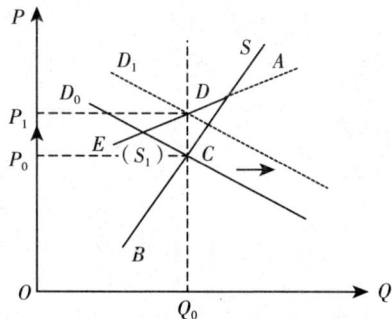

图 7 - 2　基层政府主导农地流转造成溢价后的传导"棘轮效应"

三、政府行为效应下的需求方行为预期：在意补贴金额的"扭曲租种"行为

众所周知，当前尽管质量安全等级（认证）农产品（如有机、绿色）逐渐被大中城市消费者接受，然而，在全国范围内，大面积、多数量普通农产品的"刚需"仍是农产品消费的主流，这也决定了全国范围内普通农产品的"天花板"价格将长期存在，优质不一定优价。与此同时，地方政府主导农地流转带来的高价位农地正一步步蚕食着农产品种植有限的利润。从调研情况看，华北平原一年两熟地区正常年份下，大户不计自家劳动力成本，亩均1 季100～200 元的纯利润，这使得多数大户种粮收益主要依赖国家种粮补贴和地方农地流转补贴（如江苏、山东、河南等省部分县市政府给予农地流入方每亩100～200 元补贴）。两项合计300～600 元的亩均年利润使得种粮大户总收益更多依赖种植面积大小。这类情况易诱发两大隐患：一方面，租地者更关注种粮面积大小，通过集约化生产提高土地产出率、增加亩均收益的经营形式已非首选，扩大面积粗犷经营才是"最直接、最见效"的甜头；另一方面，租地人更在意包括国家粮食种植补贴在内的各类补贴。类似的行为还易引发"官商勾结"、权力寻租，不利于粮食补贴用于最需要主体的财政补贴政策设计初衷。

第八章

政府行为和市场配置下农地经营比较：
成本变动、规模影响和社会福利

本章以流转补贴这个地方政府农地流转使用最为广泛的政策工具为例，分析"政府行为"和"市场配置"两种模式下农地经营成本的变化、经营规模的变动、经营效益变化与主体社会福利的差异。主要分析4项内容：一是以实际调研数据测度两种模式下的土地"成本弹性"（即农地经营效应）及对成本变化的影响；二是分析流转补贴对小规模或分散农户适度规模经营形成和社会福利分享的影响；三是进一步分析流转补贴下中大规模经营主体的农地边际生产率及对土地产出率的影响；四是以调研数据剖析流转补贴对小规模或分散农户的"挤出"实践验证。

一、"政府行为"和"市场配置"下农地经营"成本弹性"测度与成本变化

农地流转地方政府行为的初衷是借助规模化经营实现规模效益。而衡量规模效益的依据之一是测度其成本弹性，若成本弹性＜1，则规模扩张能够带来成本递减并形成规模效益，反之则未实现。在此引入成本函数估计成本弹性，进而比较基层政府主导流转与市场配置流转下规模经营的成本弹性。数据源自山东、江苏、河南、四川、江西等省份农地经营大户和家庭农场（均为种植粮食），考虑到不同地域情况，样本规模均≥30亩。[1]现实中，基层政府主导流转的农地规模普遍较大，而依靠市场配置的规模普遍较小。由于农产品售价是被动接受的，故可假定价格是外生的。农地经营成本函数简约形式为

---

[1] 之所以选择30亩这个规模标准，是参照四川省成都市对农地规模（流转）经营的面积补贴标准，该补贴标准是在充分考虑了成都平原、环平原浅丘、丘陵和山区等多种地形地貌情况下制定的。

$$C = C(S, P) \tag{8-1}$$

式 8-1 中，C 为农地经营总成本，S 为农地经营规模（以面积表示），P 为农地经营投入的各要素价格向量。假设 P 包括：农地流转价格（P_1）、雇佣劳动力工资（P_2）和固定资本投入（P_3，包含种子、化肥、农药、农膜、生产用水电、固定资产折旧及修理费、租用机械、其他费用投入及农家肥等）三类要素[①]。成本函数模型设定采用 Translog 形式，因其相对 $C-D$ 生产函数有着较为灵活的产出成本弹性系数。已有研究已多次使用，表达式为

$$LnC = \alpha_0 + \sum_i \alpha_i ln\, P_i + \frac{1}{2} \left(\sum_i \sum_j \alpha_{ij} ln\, P_i ln\, P_j \right) + \gamma \tag{8-2}$$

根据泰勒展开式，得到二阶逼近式

$$LnC = \alpha_0 + \alpha_q lnS + \frac{1}{2} \alpha_{qq} (lnS)^2 + \alpha_{q1} lnSln\, P_1 + \alpha_{q2} lnSln\, P_2 + \alpha_{q3} lnSln\, P_3 +$$

$$\beta_1 ln\, P_1 + \frac{1}{2} \beta_{11} (ln\, P_1)^2 + \beta_{12} ln\, P_1 ln\, P_2 + \beta_{13} ln\, P_1 ln\, P_3 + \beta_2 ln\, P_2$$

$$+ \frac{1}{2} \beta_{22} (lnP_2)^2 + \beta_{23} lnP_2 lnP_3 + \beta_3 lnP_3 + \frac{1}{2} \beta_{33} (lnP_3)^2 \tag{8-3}$$

应用谢泼德引理（*Shephard's Lemma*），对式 8-3 各要素进行一阶偏微分，其中对农地经营规模（面积）求一阶偏微分，得到农地经营成本的弹性表达式

$$E_q = \frac{\partial\, lnC}{\partial\, lnS} = \alpha_q + \alpha_{qq} lnS + \alpha_{q1} ln\, P_1 + \alpha_{q2} ln\, P_2 + \alpha_{q3} ln\, P_3 \tag{8-4}$$

式 8-4 中，E_q 为农地经营规模变动 1% 对总成本的影响。当 $E_q > 1$ 时，农地经营规模变动 1% 引起总成本变动大于 1%，此时农地经营处于规模不经济状态；当 $E_q < 1$ 时，农地经营规模变动 1% 引起总成本变动小于 1%，此时农地经营处于规模经济状态；当 $E_q = 1$ 时，农地经营规模变动 1% 所引起总成本的变化也是 1%，此时农地经营规模处于规模经济和规模不经济的临界点。首先对式 8-3 进行回归估计，然后将获得的参数估计值代入 8-4

---

① 这里固定资本投入基本包含了除农地流转价格、雇佣劳动力工资以外的所有固定资本投入项。

式，最后得到基层政府主导流转下和市场配置流转下农地经营成本弹性测算结果。

（一）变量选取与情况描述

如前所述，因变量为"农地经营规模"（即面积，S），自变量包括农地经营"投入向量"和"控制变量"。"投入向量"又包括"单位面积经营成本"（C）、"可变投入成本"和"固定投入成本"（K），其中"可变投入成本"由"农地流转价格"（R）和"雇佣劳动力工资"（L）构成。"控制变量"涉及"经营者受教育程度"（E）和"经营者身份"（I；即干部或群众，商人等被归为群众身份）。对上述变量进行特征统计，结果如表8-1所示。

表8-1　主要变量统计特征描述与差异

变量	符号	市场配置流转 （127户）		基层政府主导流转 （64户）		均值差异的T检验 （H0：A−B=0）	
		均值	标准差	均值	标准差	T值	P值
农地经营面积（亩·年）	S	120.48	13.20	715.64	115.72	−7.08**	0.000
单位面积成本（元/亩·年）	C	840.59	32.00	1317.29	95.26	−5.87**	0.000
农地流转价格（元/亩·年）	R	220.83	15.10	560.39	60.84	−7.07**	0.000
固定资产投入（元/亩·年）	K	490.15	22.55	456.18	29.68	0.89	0.374
雇佣劳动力价格（元/亩·年）	L	96.64	2.86	84.06	5.25	2.29**	0.023
经营者受教育程度	E	2.25	0.07	2.61	0.11	−2.80**	0.006
经营者身份	I	0.25	0.04	0.36	0.06	−1.55	0.123

注："**"表示在5%的水平上显著，"***"表示在1%的水平上显著。

表8-1显示，S和C在市场配置流转和基层政府主导流转下存在较大差异，且都在1%水平上通过T检验。从要素投入看，市场配置流转和基层政府主导流转下的R差异较大，且在1%水平上通过T检验。L差异较小，且在5%水平上通过T检验，但市场配置流转下价格偏高，这可能与市场配置流转下适度规模经营用工较少且主要以季节性临时雇工为主（收获季节临时雇工工资普遍较高）有关，而基层政府主导流转下大规模农地经营更多依赖长期雇工，长期雇工较短期雇工更高的比例也决定了其雇工平均工资将被拉低。市场配置流转和基层政府主导流转下的K存在差距，这可能与基层政府主导流转下大规模经营的固定资产投入具有"集中采购低价""统一安

置低费"等优势有关。控制变量 E 在两种流转模式下存在差距，且在1‰水平上通过 T 检验，但变量 I 未通过 T 检验，可能与经营者身份多样，受访者不愿透露过多信息等因素有关。

（二）"政府行为"和"市场配置"流转模式下农地经营成本弹性的测度

1. 估计结果分析

回归前，首先对自变量进行相关分析（表8-2），方差膨胀因子（VIF）和容忍度（TOL）验证的结果显示，两种流转模式下的各自变量平均方差膨胀因子分别为1.21和1.06，且各自变量中最大 VIF 值也仅为1.47，TOL 最低值也达到了0.68，可以判断，模型中多重共线性问题并不严重，模型处于可接受范围内。

表8-2　自变量方差膨胀因子和容忍度测度结果

变量	市场配置农地流转		基层政府主导农地流转	
	VIF	TOL（1/VIF）	VIF	TOL（1/VIF）
农地经营面积（亩·年）	1.34	0.75	1.08	0.93
单位面积经营成本（元/亩·年）	1.47	0.68	1.07	0.93
农地流转价格（元/亩·年）	1.17	0.86	1.08	0.93
固定资产投入（元/亩·年）	1.12	0.89	1.04	0.96
雇佣劳动力价格（元/亩·年）	1.13	0.88	1.05	0.97
经营者受教育程度	1.06	0.95	1.02	0.98
MeanVIF	1.21		1.06	

为测度基层政府主导流转和市场配置流转模式下农地经营效应（即成本弹性），本书对市场配置流转和基层政府主导流转下农地经营样本分别进行总成本方程（式8-3）估计（选用软件为 *Stata*），为避免截面数据异方差现象导致的测度结果有偏，采用稳健的 *OLS* 回归（表8-3）。两模型中关键变量系数估计结果显示：与成本有关的变量中，LnS、LnR、LnL、LnK 的系数符号与理论逻辑相符。市场配置流转模式下，LnS 显著，反映出随着农地经营面积的扩大，成本也有所提升；LnK 显著，显示随着农地经营面积的扩大，固定资本投入呈逐渐下降的趋势。控制变量 I 显著，表明越是

村干部，其经营成本相对也越高，可能的原因是越是村干部，其农地经营规模依赖基层政府主导流转的比重也越快，由此带来的地租成本上升也越大。基层政府主导农地流转模式下，$LnRLnR$ 显著，显示出租金成本上升与经营规模同步，这与预期一致。控制变量 E 显著，但符号相反，显示出越是受教育程度较高的经营者，其成本上升随规模经营的扩张也越不明显，这也与预期相符。

表 8-3　市场配置流转和基层政府主导流转下农地经营成本函数估计结果

解释变量	市场配置流转			基层政府主导流转		
	系数估值	Std. Err.	P 值	系数估值	Std. Err.	P 值
LnS	1.713	0.795	0.033	1.131	1.370	0.413
LnR	0.847	0.902	0.350	−1.127	1.410	0.428
LnL	1.330	2.386	0.578	1.856	2.011	0.361
LnK	−1.410	0.819	0.088	−1.804	1.127	0.116
$LnSLnS$	−0.004	0.033	0.908	−0.017	0.041	0.685
$LnRLnR$	0.018	0.029	0.552	0.113	0.042	0.009
$LnLLnL$	0.073	0.241	0.761	0.004	0.105	0.971
$LnKLnK$	0.145	0.039	0.000	0.142	0.043	0.002
$LnSLnR$	−0.010	0.031	0.746	0.131	0.164	0.427
$LnSLnL$	−0.152	0.120	0.209	−0.146	0.090	0.110
$LnSLnK$	−0.004	0.042	0.926	−0.015	0.829	0.856
$LnRLnL$	−0.208	0.135	0.126	−0.149	0.281	0.600
$LnRLnK$	0.033	0.055	0.547	0.060	0.043	0.163
$LnLLnK$	−0.030	0.107	0.779	0.015	0.186	0.937
E	−0.031	0.044	0.492	−0.113	0.041	0.008
I	0.167	0.071	0.020	0.195	0.069	0.007
$\_Cons$	2.392	7.050	0.735	8.082	11.337	0.479
样本量	127			64		
F 值	91.15 (0.000)			133.95 (0.000)		
R^2	0.911			0.943		

2. 规模经济效应测算与分析

根据成本函数估计结果，结合式 8-4 得到两种流转模式下农地经营成本弹性（表8-4）。不难看出，市场配置流转模式农地经营是"规模经济"的，其成本弹性值为0.929，表明农地经营规模每扩大1%，所付出的成本仅需提高0.929%，农地经营规模扩张可以带来相对较高的规模效益。而基层政府主导农地流转模式下的农地经营，因其成本弹性大于1（1.006），即规模扩张带来成本支出更大比例的增加，处于"规模不经济"阶段。当前，各地热衷于依靠基层政府力量主导农地经营权流转进而发展规模经营的模式是成本无效的。

表8-4　"市场配置流转"和地方"政府主导流转"下农地经营的成本弹性测度结果

农地经营的成本弹性	市场配置流转下	地方政府主导流转下
测度值	0.929	1.006

二、流转补贴不利于小规模或分散农户适度规模经营形成和社会福利分享

根据微观经济理论，厂商实现利润最大化的均衡条件是"边际收益=边际成本"。政府未实施流转补贴政策时（图8-1），经营者会依据$MR=MC$原则确定其最优经营规模，此时流转的均衡价格为P_1，MR_1为小规模或分散农户的农地经营边际收益，其最优的经营规模为Q_1，利润大小为曲面ABC的面积S_{ABC}。政府提供补贴后，Q^*为可以享受到流转补贴的标准规模（即门槛规模）。如前所述，此时流转价格溢价至P_2，面对这样的"溢价"，小规模或分散农户面临两种选择：一是不得已将经营规模遵循$MR=MC$原则缩减至Q_2（$Q_2<Q_1$），此时小规模或分散农户可能获得的利润为曲面ADE的面积S_{ADE}；二是小规模或分散农户将经营规模进一步扩张至Q^*以便可以享受到流转补贴（尚旭东、朱守银，2017）。此时，小规模或分散农户土地边际收益曲线上移s距离，小规模或分散农户扩大土地经营规模能够增加的收益为曲面$AEGF$面积S_{AEGF}，规模扩张带来的损失为曲面GIH的面积S_{GIH}，此时小规模或分散农户经营规模扩张的净收益为

$$L_{n1}=S_{AEGF}-S_{GIH} \quad L_{n1}=S_{AEGF}-S_{GIH} \quad (8-5)$$

当式8-5＞0时，小规模或分散农户将持续扩张经营规模至Q^*；当

式 8-5 ＜ 0 时，小规模或分散农户可以选择将经营规模缩减至 Q_2，此时小规模或分散农户因流转补贴政策产生的净损失为：

$$L_{n2} = S_{ABC} - S_{ADE} \quad L_{n2} = S_{ABC} - S_{ADE} \quad (8-6)$$

小规模或分散农户能否通过经营规模扩张从流转补贴政策中受益，将主要取决于单位面积补贴额度 s 和补贴标准（门槛规模）Q^* 的大小。当 s 越大且 Q^* 越小时，小规模或分散农户越有可能将经营规模扩张至 Q^*，进而部分享受补贴政策的红利，这也可以理解为越有利于中小规模经营主体。若 s 较小或 Q^* 较大时，小规模或分散农户可以选择缩减经营规模，并因此遭受式 8-6 的净损失。如果经营规模扩张至 Q^* 对小规模或分散农户是有利可图的行为选择，则其最优经营规模应是 P_2 对应下的 Q_3，政府因设置流转补贴标准（门槛规模）Q^* 对社会福利带来的损失为曲面 GIH 的面积 S_{GIH}（尚旭东、朱守银，2017）。

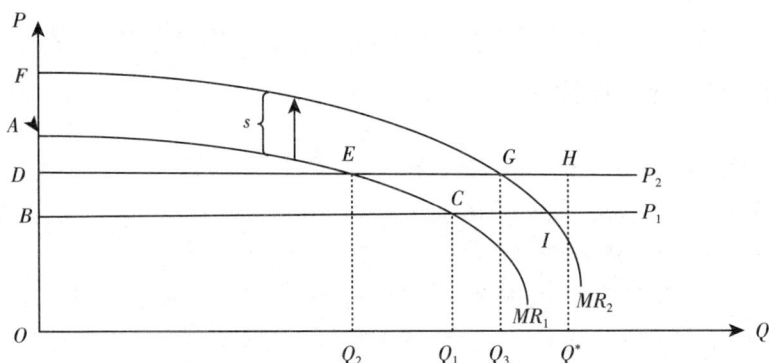

图 8-1　政府实施流转补贴政策下小规模或分散农户经营规模的调整

三、补贴政策下中大规模主体土地边际生产率低于小规模或分散农户，补贴政策无助于保障土地产出率

根据资源禀赋理论，主体规模经营行为本身无可厚非，生产要素的密集投入（发挥"要素密集度"优势）总是希望获得规模报酬和比较优势的，这既是竞争的结果，也是理性经济人的本能驱动。在多地农村土地保持细碎化的当下，其他要素投入很难获得规模报酬，土地经营规模将伴随劳动力机会成本提高而拓进（刘凤芹，2006），农地集中经营恐成为追求种粮规模效应

的最有效手段，而当前农村土地承包权和经营权分置也为农地集中经营提供
了可因循的政策突破。

作为市场主体，其农地经营行为逻辑受利润最大化动机影响（舒尔
茨，1987）。获取更多收益（纯利润）永远是其经济活动的最终目标，而
迎合政府发展农业规模经营、保障重要农产品供给安全等公益目标可以理
解为其经济活动的"外部正效应"，非经济活动的直接行为逻辑。即尽管
政府不同程度地出台了农地流转补贴、项目扶持等外部性制度激励，但是
主体的逐利行为很难主动迎合政府公共政策目标。为验证这一结论，进行
如下假说：

假说 1：经营形式、劳动生产率、技术进步率对不同经营规模的影响相
对较小甚至可以忽略。当前在作物收购价格变化较大背景下，农地经营种植
收益主要取决于农作物经营面积，农作物经营净收益主要取决于"单产净收
益"和"经营规模（面积）"（见式 8-7）。

经营形式是实现预期利润的手段，无论采取何种形式，如家庭经营、
伴随经营规模扩大出现的所谓"非家庭经营"（尚旭东，2015），无论采用
哪种技术（如大中小型农机具耕作、购买社会化服务耕作等），对经营主
体而言，农地经营的最终目标是实现收益最大化。在经营形式、劳动生产
率、技术进步率对不同经营规模影响相对较小甚至可以忽略情形下，增加
经营净收益主要有两条途径：一是可以在保障耕地面积不变前提下增加作
物单产（亩产），二是可以直接扩大经营规模（面积）。前者可理解为经营
方式的内生性集约化变革，后者可认为是经营方式的粗犷式偏好。即经营
者既可以选择靠最大亩均净收益 r_A 及其适度的经营规模 S_A，实现适度规模
经营下的净收益 R_A（见式 8-8），也可以选择规模扩张至适度规模外的更大
规模 S_L 进而获取净收益 R_L（见式 8-9）。对经营者而言，在没有资本约束或
者资本约束相对较小的情况下，显然 R_L 更容易实现、见效也更快（尚旭东、
朱守银，2017）。

$$R_A = r \cdot S \qquad\qquad (8-7)$$

$$R_A = r_A \cdot S_A \qquad\qquad (8-8)$$

$$R_L = r_L \cdot S_L \qquad\qquad (8-9)$$

假说 2：资本大小、农地流转期限对经营规模的约束相对较小或者没有
约束，即为追求更多收益，经营主体有意愿也有实力通过规模扩张实现。成
本随规模扩张对收益的负向影响远不如对收益的正向贡献大，即"规模利润

贡献率"的下降程度远小于"规模贡献率"的上升幅度，这使得"最大化收益贡献率"仍在增加。

假设主体有实力通过规模扩张追求利润最大化且农地流转期限对当期及今后投资没有约束。众所周知，当前在粮食收购价格稳中有降、化肥农药高投入致土地边际产出很难再提高的形势下，扩大种粮收益最直接、最见效的途径是扩大粮食经营规模。根据规模经济理论，适度经营规模状态下总成本最低，即成本随规模扩张呈现先增加后降低的态势，但超越适度规模外的规模扩张势必带来"规模不经济"及其"成本弹性">1。尽管如此，仍不足以打消主体追求总收益（净利润）最大化的念头。这是因为，总收益（净利润）最大化还取决于"最大化收益贡献率"。

$$\delta = \frac{R_L}{R_A} = \alpha \cdot \beta = \left(\frac{r_L}{r_A}\right) \cdot \left(\frac{S_L}{S_A}\right) \delta = \frac{R_L}{R_A} = \alpha \cdot \beta = \left(\frac{r_L}{r_A}\right) \cdot \left(\frac{S_L}{S_A}\right)$$

$$(8-10)$$

式 8-10 中，δ 为"最大化收益贡献率"，它是测度总收益随粮食经营规模变化的重要指标，其大小取决于"规模利润贡献率"α 和"规模（面积）贡献率"β 两个变量的乘积，规模利润贡献率 α 为大规模粮食经营利润 r_L 与适度规模经营利润 r_A 的比值 r_L / r_A，规模贡献率 $\beta\beta$ 为粮食种植的大规模 S_L 与适度规模 S_A 的比值 S_L / S_A。随着粮食经营规模的不断扩大，α 由开始阶段的较小值逐渐升至适度规模下的 r_A（一般认为是极大值），以后又逐步降至大规模的 r_L。如前所述，在资本约束不充分情形下，农地流转补贴政策激励了规模经营主体扩大流转规模，S_L 迅速扩张，但此过程中 r 下降幅度远不如 S 增长幅度，这使得 β 的增幅明显快于 α 降幅，这极大刺激了主体通过扩大经营规模这一"外延式"发展模式，而非保障甚至提升土地产出率这一"内涵式"集约发展路径获取更多收益（尚旭东、朱守银，2017），这样的结果使得流转补贴政策效应大打折扣，与现阶段耕地保护红线趋紧压力下保障国家粮食安全应更多从维系土地产出效率政策激励入手的中央精神背道而驰（尚旭东、朱守银，2017）。

四、农地流转补贴政策对小规模或分散农户的"挤出"实践验证

如前所述，补贴政策被视为推动农地流转最有效的政策工具（柯炳生，

2015）。农地流转补贴政策是农业补贴政策的一个分支，主要通过对生产端要素（如土地、人力资源）进行补贴，以期实现对生产环节与相关主体的扶持。已有理论和政策为地方政府制定和实施农地流转补贴政策提供了依据和支持。根据影响农业支持水平理论模型，人均 GDP、农业增加值占 GDP 比重、农业劳动力占总劳动力比重、农业劳动力人均耕地面积等因素是影响农业补贴结构、补贴用途、补贴大小的关键因素（李先德、宗义湘，2012），这为各地政府制定和出台农地流转补贴政策，发展基于土地集聚基础上的农业规模经营提供了理论依据。本章的研究目标是分析供给侧结构性改革背景下，地方政府的农地流转补贴政策对流入方（中大规模主体和小规模农户）生产经营的影响，进而验证流转补贴对种粮主体培育的政策效应。分析所用的调查数据来自农业农村部重大课题"农业现代化进程中农地承包经营制度与政策若干重大问题研究"开展的实地调查。研究团队先后派遣调研组前往山东省平度市和滕州市、江西省南昌县、河南省永城市和四川省苍溪县①围绕农地流转补贴政策及效应等相关问题开展问卷调查。调查采取两阶段抽样方法，首先在每个区（市）随机抽取 2～3 个乡（镇），然后在每个乡（镇），根据大田作物（粮食）规模经营主体的数量多少选择 10～15 个农户。如果抽样主体（按规模分档）分布较为均匀，则样本量维持在 15 个以内，但最少不得少于 10 个。调查样本中既包括经营规模超过当地大田作物平均经营规模的中大规模农户，也包括未达到平均规模的小规模或分散农户。调查共取得农户问卷 220 份，剔除数据缺失或逻辑上前后有误的问卷后，最终得到有效问卷 202 份。

　　前面农地流转补贴的政策负效应的理论分析，证实了政府行为容易"创租"并形成对小规模或分散农户的"挤出效应"，同时带来农业规模经营发展的"去适度规模化"倾向及土地产出率保障的负向激励。事实真的如此吗？在研究中利用调查数据，实证验证农地流转补贴政策对主体培育的"挤出效应"，即流转补贴政策如何有利于中大规模经营主体而非小规模或分散农户。

　　① 　需要说明的是，为更好获得调研数据，研究团队对现代农业示范区进行了调研。感谢中共农业农村部党校、各调研县、市对调研工作所给予的支持。

（一）模型选择和变量定义

流转补贴政策负效应的核心问题在于政策的实施有利于中大规模经营主体，却排挤了最该扶持且与广大农民福祉关系最为密切的群体——小规模或分散农户，即中大规模经营主体凭借经营规模、资本实力等比较优势排挤了本该平等享受到补贴的小规模或分散农户。这显然与中央一贯方针、总体设计很难契合，也是研究中关注所在。分析这一效应，可以从主体获得流转补贴与其经营规模（面积）的相关性入手，如果经营规模越大的主体（中大规模经营主体）越能够获得流转补贴，而那些经营规模有限的主体（小规模或分散农户）却很难获得补贴，则从侧面验证了流转补贴是有利于中大规模经营主体，并对小规模或分散农户形成实质上的"挤出"。为此，本章建立了 Logit 回归模型。

影响主体获得流转补贴的因素较多，根据已有研究（王文龙，2017；罗必良等，2008）和调研数据，本研究选取了 5 项具有代表性的影响主体获得农地流转补贴的因素，即实际土地经营规模（面积）、单位面积经营成本、流转土地价格、经营者受教育程度和经营者身份。需要说明的是，实际土地经营规模（面积）是指农户转入的土地规模（面积）与未转出给他人的自家承包地规模（面积）之和。需要说明的另外一个变量是单位面积经营成本，它是指各类农资品（如种子、化肥、农药、农膜、农家肥等）投入、自有农机具折旧或租赁农机具使用、社会化服务购买（如播种、收割等）、雇工费用支出、土地流转费用等所有要素的投入总和与土地经营面积的比值，但不包括经营者自身劳动力成本。变量赋值情况及基本统计描述特征如表 8-5 所示。

表 8-5　主体获得农地流转补贴影响因素的 Logit 模型变量定义

变量分类	变量	变量赋值情况	均值	标准差
因变量	近 3 年来是否享受到政府农地流转补贴	未享受流转补贴＝0； 享受到流转补贴＝1	0.38	0.49
自变量	实际土地经营规模（面积）	实际数值（亩）	327.64	599.45
	单位面积经营成本	实际数值（元）	951.98	376.70
	流转土地价格	实际数值（元）	385.27	286.41

（续）

变量分类	变量	变量赋值情况	均值	标准差
自变量	经营者受教育程度	小学及以下＝1；初中＝2；高中、中专、高职＝3；大专及以上＝4	2.45	0.86
	经营者身份	非村、镇（乡）干部或没有经商经历＝0；担任过村、镇（乡）干部或具有1年以上经商经历＝1	0.33	0.47

（二）数据检验与模型回归

应用 Stata 软件，本书对主体是否获得农地流转补贴的影响因素模型进行了回归。估计前，首先对各自变量间多重共线性进行检验，结果显示5个自变量间的相关系数均小于0.5，可以判断自变量间多重共线性并不严重，未对估计结果构成显著影响。由表8-6可以看出，模型回归的准 R^2 值为0.862，似然比值在1%的统计水平上通过了显著性检验，表明模型整体拟合效果较好。

表8-6　享受农地流转补贴影响因素的模型估计结果

变量	系数	标准误	z 统计量	P 值
实际土地经营规模（面积）	0.023	0.006***	4.20	0.000
单位面积经营成本	0.005	0.002***	2.87	0.004
流转土地价格	0.008	0.003**	2.09	0.036
经营者受教育程度	0.533	0.556	0.96	0.336
经营者身份	−1.106	1.199	−0.92	0.356
常数项	−15.401	3.726	−4.13	0.000
观测值		202		
对数似然比值		−18.362		
模型显著性水平（P值）		0.000		
准 R^2		0.862		

注：** 和 *** 分别表示在5%和1%的统计水平上显著。

估计结果显示，实际土地经营规模（面积）变量的系数为正，且在1%的统计水平上显著（表8-6），这表明在保持其他因素不变时，农地经营规模（面积）越大的主体越容易获得政府流转补贴。可能的原因是，流转补贴政策通常设置最低流转（或规模经营）门槛，使得那些小规模农地经营主体往往因为规模达不到标准而很难获得补贴，相反那些经营规模超过补贴门槛的主体往往可以凭借规模优势享受补贴，且规模越大能够享受到的补贴也越多。回归结果印证了理论分析阐释的农地流转补贴造成中大规模经营主体对小规模分散农户的"挤出效应"。从调研情况看，目前多地农地流转补贴并未设置规模上限，这使得主体为获得更多补贴往往不惜血本"任性"扩大流转规模，有些甚至"出高价"争地，这些行为实际上挤占了本该由市场调配给小规模或分散农户的流转土地。估计结果也从侧面佐证了补贴政策正逐渐成为少数实力主体可以享受的"俱乐部产品"，而非公共物品属性定位的政策设计初衷。

根据估计结果，单位面积经营成本变量的系数为正，且在1%的统计水平上显著（表8-6），这表明在保持其他因素不变时，单位面积经营成本越大的主体获得流转补贴的可能性越大。可能的解释是，经营主体为了获得更多的补贴而不断扩大流转规模，规模扩张从前期的"规模经济"到后期的"规模不经济"，农地经营成本与收益变化呈现出"先降低、后增加"和"报酬递增→报酬递减"的变化过程。在"规模不经济"阶段，随着规模扩张，单位面积经营成本不断增加，但此时为争取更多补贴，当补贴额度可以弥补规模扩张引致的成本亏损时，主体会不断扩张规模，直至补贴不足以弥补单位面积成本亏损为止。在规模扩张过程中，往往需要更多的雇工、更大的经营规模这使管理雇工等"委托-代理"问题难以避免。因此，相比适度或者中等规模，不断增加的雇工、更为琐碎的监管环节、更有可能面临的"规模不经济"等问题集中在一起，使得单位面积经营成本很难不随规模扩张而增加。

估计结果还显示，流转土地价格变量的系数为正，且在5%的统计水平上显著（表8-6），表明当其他因素不变时，农地流转价格越高的主体越容易获得政府的流转补贴。对此可能的原因是，补贴政策的出台，使得主体为获得更多补贴急于扩张流转规模，短期内主体竞相扩大规模催生了流转需求短期内急剧膨胀，从而引发流转价格的快速攀升。与此同时，作为大规模农地需求的起码要求和基本特征——"集中连片"，使得农地要素特征发生改变，集中连片提升了农地"稀缺性"的要素价值，使得获得大规模集中连片土地价格相比同等规模下非集中连片土地的价格更高。双重压力下农地流转价格必然溢价，只要溢价部分不超过补贴额度，那些为争取补贴扩大流转规模的主体就不得不接受溢价。因此流转价格对主体获得流转补贴的影响为正且回归显著符合逻辑预期。此外，根据估计结果，经营者受教育程度及身份对主体是否获得流转补贴的影响不显著。

第九章　农地流转地方政府行为引致效应：
大规模农地流转经营"去家庭化"问题

　　如前所述，近年来各地在推进供给侧结构性改革背景下如何保障粮食供给、发展现代农业同时，较为一致的观点和做法是加快土地流转、发展规模经营，让有实力、愿意务农的人经营更多土地（汪洋，2014），其中不乏基层政府主导农地流转下形成的规模农户。一时间，伴随土地流转加快应运而生的规模经营主体如雨后春笋般涌现，并或多或少地得到当地政府扶持。似乎在找到曾经最能保障土地产出率的家庭经营过后，新型经营主体俨然成为代表更高生产力水平、发展现代农业的主力军，对其案例的挖掘和分析也呈赞扬居多、批判甚少之势。传统家庭经营因劳动生产率低、收入有限、专业化程度不高、商品化供给缺失，成为"落后"生产力代表常常受到诟病（张进选，2003）。认识的强化总能带来行动的有针对性。近年来，各地政府为实现扶持新型经营主体进而发展现代农业，行动上青睐或更依赖行政手段推动农地流转、打造规模主体的行为屡见不鲜（尚旭东、朱守银，2015；尚旭东、叶云，2020），更为激进的做法，如下指标、定任务"速推土地流转、快造规模主体"的决策时有发生（尚旭东，2015；尚旭东、宋国宇，2016；尚旭东、朱守银，2016、2017；尚旭东、吴蓓蓓，2020）。一时间，伴随基层政府主导农地流转应运而生的"规模化经营浪潮"与"去家庭化经营认识"交织并生，规模经营宛若保障国家粮食安全、引领现代农业的"解药良方"，农地大规模经营"去家庭化"势头成众望所归。事实真的如此吗？研究团队借助国家社会科学基金调研机会，通过访谈大量农地经营主体过后得到些许启示，这使得研究基层政府主导农地流转除直接效应外，间接效应同样具有现实意义。现实中，基层政府主导农地流转间接政策效应最直接的表现就是大规模农地经营中"去家庭化"问题。

　　当"人多地少水缺"基本国情遭遇城镇化深入推进时，守住 18 亿亩耕地红线、保障国家粮食安全形势始终严峻。而凭借巨大资源环境代价、巨额财政收购补贴换来的粮食生产"十二连增"，在极低进口农产品价格冲击下能维系至何年，考验着多目标决策下粮食供给扶持政策的选择。

众所周知，现有技术条件下，提高粮食产量主要依靠"扩大耕作面积"和"提升亩均产量"两条途径。当前农业发展正值"调结构、转方式"磨合期，非粮经营受政策合理性和市场调配作用合力影响，经营面积和规模恐将进一步扩大，维系耕地面积显然不如提高亩产对保障粮食安全贡献更具可持续性。时下提高亩产最直接、最有效的办法是使用高产种子[①]。这又易引发另一问题：为追求高产使用国外良种且季间不留种的种植模式是否会成为我国种业发展受制于国外种业巨头的先兆？粮食安全正面临经营面积难保和种业安全双重困境，确保亩产不降低甚至有所提高抑或成为现有技术条件下保障粮食安全最为依赖的路径。

基层政府主导农地流转所引致的大规模农地经营行为本身无可厚非，农业生产要素的投入总是希望获得规模报酬，这既是竞争的结果，也是理性"经济人"的本能驱动。在多地农村土地保持细碎化的当下，其他生产要素的投入很难获得规模报酬，土地经营规模将伴随劳动力机会成本的提高而拓进（刘凤芹，2006），农地集中经营恐成追求规模效应的最有效手段，而当前农村土地承包权和经营权分置也为农地集中经营提供了可因循的政策突破。但大规模农地经营背后，主要依赖"农用机械＋雇工"的"去家庭化"经营模式能否保障土地产出率？高流转价格贡献的集中连片经营对保障粮食安全、防范"非粮化""非农化"经营是否有效？种种问题值得商榷。疑问背后引出本章的探讨。

一、大规模农地流转经营中的"去家庭化"分析框架

（一）大规模农地经营中的"去家庭化"概念界定

大规模农地经营中的"去家庭化"指的是大规模农地经营主体（仅针对大田作物经营主体，包括专业大户、家庭农场、农民合作社、农业企业或专业大户、家庭农场主等借助亲友身份证在工商部门注册登记的所谓"假合作、真自营"套牌合作社等）利用自有或他人农用机械，主要通过雇佣职业农民（或农业工人）而非主要依靠家庭自有成员劳动力从事农业生产经营的

---

① 从多地基层政府扶持农地规模经营以及经营主体的做法上可见一斑。

"雇工制"农业生产经营形式。本章探讨的主要是关系国计民生的粮棉油糖等大宗作物大规模农地经营中的"去家庭化"问题，畜牧果蔬、苗木花卉、中草药材等高效作物经营中的"去家庭化"行为不在探讨之列。

（二）大规模农地经营中的"去家庭化"主要表征

大规模农地经营中的"去家庭化"具备以下特征。

1. 收入核算上，不以家庭为基本单位进行核算

经营者收入更多表现为个体工商户经营收入、合作经济组织经营收入或企业经营收入，除农资采购、服务购买、土地流转、农机具折旧、设施投入折旧、贷款利息等费用外，雇工支出成为农业经营成本的重要组成部分。

2. 经营过程上，主要依靠雇工或长期雇工数量明显超越家庭自有劳动力数量、短期雇工用量季节间显著倍增

雇工劳动以工资性收入为目标，相比自己经营，其劳动生产率和土地产出率均显著下降。

3. 收益取得上，以总收益最大化为经营目标，而非亩均收益（产量）最大化为归宿

与家庭经营主要依靠自有劳动力，成员间劳动不以追求工资性收入为最终目标，对经营产品享有"剩余索取权"、利益高度一致，高度契合农业生产自身特点等家庭经营优势不同的是（Alchian et al.，1972；Demsetz，1967；杜志雄等，2014），大规模农地经营者往往更关注总收益，相比致力于通过确保亩产进而保障或提高总收益的家庭经营，"任性"扩大经营规模，尽管面临管理不过来、雇工效率低下、监督成本上升等困扰，但规模效应带来的总收益提高仍使得经营者热衷于外延式扩大土地经营规模。

（三）大规模农地经营中的"去家庭化"实践主体

大规模农地经营中的"去家庭化"实践主体表现为4类。

1. 主要依赖雇工经营的专业大户

这类主体因为经营规模过大，需要大量劳动力，仅仅依靠家庭成员无力实现。专业大户本人可能出身农业能手，愿意从事农业生产并渴望通过规模经营获取利润；也可能来自非农产业，通过进入农业尝试获取新的投资回报点，进入农业之初本就未考虑采取家庭经营的形式。

2. 雇工数量超过家庭自有劳动力数量的家庭农场

这类主体因经营规模超越家庭自有劳动力的能力范畴，不得不雇佣劳动力，实际演变为主要依赖雇工经营的专业大户。

3. 开展统一经营的合作社或公司

这类主体并非传统意义上的"生产在家、合作在社"型合作社，其社员通过入股（土地、股金等生产要素）统一经营或在专业大户（家庭农场）主导下统一经营。从设施投入、农资采购、田间作业、聘请服务到产品销售，全部实行统一采购、统一经营、统一销售的模式。社员不再是有经营决策能力的主体，合作社小股东或农业工人成为其新的身份。开展统一经营的公司更有类似特征。

4. 集体农庄或集体农场

集体农庄或集体农场是一种主要生产资料和劳动产品归全体庄员或场员所有的一种集体经济组织形式。我国集体农场（农庄）很多以国有农场形式存在，庄员或场员系农庄（农场）职工，为从事农业生产经营的职业农民（农业工人），通过劳动分工创造和分享农场收益，与传统意义上的一家一户农业家庭经营系两类情况。

本章主要针对因地方基层政府主导农地流转间接催生的前3类主体大规模农地经营中的"去家庭化"问题展开讨论。

二、从制度沿革、经验比较、效率验证等方面，看大规模农地经营中的"去家庭化"的对立面"家庭经营"

农地流转政府主导行为所引致的大规模农地经营中的"去家庭化"问题，既是一个新提法，又属一个老话题。谈其老，可谓自40多年前开启以家庭承包经营为基础的农村经营体制改革以来，学术界对其争论从未间断（尚旭东、朱守银，2015），特别是1995—2003年农业生产和农民收入出现徘徊，又将这一争论推向高潮（张进选，2003）。近年来，伴随工业化、信息化、城镇化深入推进，农村劳动力大量转移，农地经营权流转加快，各地依托合作经营、依靠农机具加速发展规模经营同时，认为家庭经营制度效率已发挥殆尽，农业家庭经营缺乏规模经济性（罗必良，2014），农业生产家庭经营制度已成强弩之末之声再起，讨论规模经营与家庭经营孰优孰劣、是否要继续强化家庭经营观念显然尤为必要。探讨大规模农地经营中的"去家庭化"问题，仍绕不开其对立面——"家庭经营"，从制度沿革、经验比较、效率验证和社会价值等方面比较其孰优孰劣，对认清各自价值可能更有帮助。

（一）农业生产家庭经营沿革：方式回归与制度重塑

我国农业生产家庭经营沿革与农村土地制度改革总是相生相伴的。作为家庭经营制度的激励载体与实践途径，直到第五次农村土地制度改革（1978年至今）后，农业生产家庭经营制度才最终确立。与前4次改革不同的是，这次沿革更多体现了制度诱致性变迁和市场化特征（罗必良等，2014），并就此带来了农业生产翻天覆地的变化（张红宇，2002）。家庭经营之所以短期内获得巨大成功（林毅夫，2008），与其节约监督成本、成员利益高度一致、高度激励机制等特有优势不无关系（Alchian et al.，1972；郑景骥，2001）。事实上，如果没有前面因循农村土地改革实施的"私权分户分散经营（1949—1952）→私权入社合作经营（1953—1958）→公权公社合作经营（1959—1962）→公权小队合作经营（1963—1978）"的探索（黄少安等，2005；王洪清，2013），也很难有家庭经营的重塑与回归。历经几十年农业生产方式变革尝试后，家庭经营的"重奏"本身就是农业生产关系适应生产力发展的鲜明佐证（吴方玉等，2000），在我国长期基本国情决定下，很可能是农业生产制度长期的必然选择（张进选，2003）。

（二）家庭经营制度：有目共睹的全球化选择

1. 农业生产制度的国外经验

当前存在的大规模农地经营中的"去家庭化"现象，是农业现代化进程中的"时代烙印"，还是特殊国情下的"必然产物"？回答这一问题，放眼海外或许能从中得出有力佐证。世界范围内，家庭经营从一开始就是农业生产的基本单位，自19世纪中期已相当普遍，其份额在20世纪显著上升（费德里科，2011）。美国、加拿大农业生产制度始终是以家庭经营的代表——家庭农场为主体的，尽管有近13%的合伙农场和公司农场，但99%的农场来自家庭经营（傅晨，2001）。与人少地多的美国、加拿大类似，人多地少的日本、韩国同样表现为以私有土地为基础的农业家庭经营，且比例接近100%（焦必方，1999）。在法国和荷兰，家庭经营有着悠久的历史，且经营规模普遍以中小农场为主（道欧 et al.，2003）。自二战后，发达国家农业生产制度都选择家庭经营的方式，农业中的资本主义经营正逐渐被弱化，同时出现土地集中与雇佣劳动力减少的现象（牛若峰等，2000）。无独有偶，巴西等发展中国家的农业发展也逐渐呈现出雇工比例降低的趋势（杨素群，2002）。

2. 与合作经营的横向比较

作为罗虚代尔（Rochdale）原则集大成者并将其付诸农业生产领域的合作经营组织，家庭农场自实践以来表现出较强的生命力（洪远朋，1996），特别在引入我国后，使发展农业生产、增加农民收入焕发了第二春。当前，世界各国的农业合作社唯有产中环节基本上由家庭经营完成，不论大小统一称为"家庭农场"（牛若峰，2000），这几乎成了所有国家的不二特征。

西方多数国家，入社农户通常都以投入生产要素的方式入股，而农户家庭仍是最基本的生产单元。政策尽管可以激励部分经营者合作，但也只能形成一些诸如父子或兄弟间的亲缘组合（仍未脱离家庭范畴），尽管如此，合作中主见分歧大，矛盾积累多。组合的初衷仅是为套取政策补贴、贷款优惠、就业安置等红利，"看来农业生产领域的合作社没有前途"（徐更生等，1986）。

发达国家的经验没有证明生产端合作经营优于家庭经营的主体选择，发展中国家的情况也是如此。尽管有一些特例，如加纳的"村社社会主义"、塞内加尔的生产合作社运动、埃及的农业合作化、印度尼西亚的"互助合作社会主义"等（张进选，2003），即使取得过成绩，也无一幸免"红颜薄命"。究其原因，将农业生产通过国家行政"造运动式"地推进合作经营，能解决得了特殊背景下的一时困难，但背离农业生产规律、非农民自主选择的结果终究是徒劳而返。唯一一个曾让我们心怀敬畏的合作经济典范——以色列基布兹（Kibbutz）"集体农庄"，在整个20世纪发展农业生产方面取得了举世瞩目的成绩。但进入21世纪后，其发展暴露出诸多深层次问题，"债台高筑、危机四伏、难以为继"等困境使其难以走出合作运动"先扬后抑"的历史轮回（张晓山，2006）。事实上，我国的人民公社运动也有此表征，所不同的是当年以色列面临的国际、国内环境比我国更为残酷，基布兹内部成员间的合作动力也更强，内忧外患环境下的"合作成效"看起来更超出所有人预期。

合作经营的国际经验显示，无论是深处经济社会发展较好的欧洲列国，还是偏逢特殊历史背景、特定政治环境、严酷生存压力下的发展中国家，脱离家庭经营单纯追求合作经营的结果只能以失败而告终。

3. 家庭经营：来自理论溯源、效率验证和社会价值的验证与评述

（1）交易费用理论的溯源 与风靡一时、先扬后抑的合作经营不同的是，"低调实在"的家庭经营始终在农业生产中保持着旺盛的生命力，这背后除了与节约监督成本、利益高度一致密不可分外，管理交易成本和配额交易成本均大大降低（杨名远，1999）。《产权理论探讨》（Demsetz，1967）和《生产、信息费用和经济组织》（Alchian et al.，1972）对此有所阐释，一致的观点是要克服合作经营中存在的偷懒、欺骗、搭便车等投机行为，必要的监督是不可或缺的，但监督是有成本的，就连监督人自身也存在因为逐利而投机的问题，对监督人的监督会使原监督成本进一步抬升，而避免这一切的最优产权配置是"赋予监督人剩余索取权"，使监督人成为利益共同体成员是克服监督人寻租的最佳方式。理论的核心是解释如何保证组织内部成员的高效生产，这为通过验证生产效率解释家庭经营优势提供了可能。

（2）与其他经营形式的生产效率验证 如此，对家庭经营与非家庭经营优越性的比较更多演变为对家庭经营与规模经营特别是大规模农地经营效率和收益等内容的争辩（杨名远，1999；宋圭武，1999；谭洪江，2002；罗必良，2000，2014；卜范达等，2003；厉以宁，2008）。争辩的焦点在于家庭经营是否正在成为阻碍粮食供给的小规模经营（郑景骥，2001），并由此上升为测度家庭经营效率与规模经营效率上。从研究结果看，多数学者认同大规模经营效率很难达到家庭经营的高效，这可从印度、肯尼亚、巴西等国外大小农场产量上得以确认（罗伊·普罗斯特曼，1996；罗必良，1991；梁振华等，1988；陈健，1988），也可从国内学者研究结论得到同论。同期，万广华和程恩江（1996）对我国玉米、早晚籼稻、冬小麦等主要谷物生产的计量估计显示，谷物生产几乎不存在规模经济效益，农户扩大经营规模未必能带来粮食增产。类似的观点认为，边际收益递减规律在农业生产中尤为突出，一旦经营规模超越拐点，投资将遭遇成本递增而收益递减或收益不变而成本快速上升的无奈。农业生产对自然条件依赖较大，不同地域的自然条件往往使得传统规模经营大打折扣，这使得农业规模生产并不像工业规模生产那样优势明显（陈华山，1996；罗必良，2000），农业的规模经济低效，或者至少整个一轮农村土地承包期内、二轮延包初期，分散的农户家庭经营是有效率的（罗必良，2000）。因地制宜的家庭经营颇有适应力（陈华山，

1996；黄祖辉，2014）。金和辉、李关星（1989）抽样调查表明，经营规模与土地产出率反向变动。任治君（1995）也得出类似的结论。部分学者尽管未否定规模经营优势，但也认为对农业规模经营利弊的判断有待衡量（徐明华，1998）。厉以宁（2008）、许经勇（2004）等学者认为"家庭联产承包承包制与农业规模经营并不对立，关键要稳定承包权、放活经营权，不应行政性干预、调整土地承包权，农地规模化经营应通过市场机制实现"。而建立在家庭经营基础上的适度规模经营最契合基本国情，可以有效兼顾土地产出率、产品商品率和劳动生产率（孙自铎，2001），确保农民增收是一种更有利于农村经济社会健康稳定发展的经营模式（朱信凯，2011）。上述对效率优劣的验证论述，实际上肯定了家庭经营相比农地大规模雇工经营、单纯合作经营和公司式规模经营更具效率优势，家庭经营与经营规模没有必然联系（张进选，2003；朱信凯，2011）。

（3）对社会价值的认同　除经济效率优势外，一些社会学者还认为家庭经营在就业稳定安置、粮食安全保障、闲散资源充分利用、农村生态维护及对市场风险有效规避等方面有其独特的社会价值（朱信凯，2011；陈锡文，1992、2002；任大鹏，2013）。

对文献的回顾有助于在纷扰的争论中把握方向。显然，已有研究从制度沿革、经验比较、效率验证、社会价值角度回答了相比大规模农场经营、合作经营等模式，家庭经营的独特内生优势和诸多比较优势。但为何经营主体仍乐此不疲地追求大规模农地经营并由此主动或被迫地"去家庭化"？未遭遇问题或尽管出现问题但受害程度浅，或因有政策扶持短期内不用担心，对长期风险的估计趋于乐观或许能解释这一行为。但说到底，问题和风险是躲不过去的，伴随国际农产品市场价格波动加剧的传导效应，问题的暴露只是时间问题。总结和归纳大规模农地经营中的"去家庭化"问题危害，有助于进一步认清为何要摒弃这一行为。

三、大规模农地经营中的"去家庭化"问题和危害

已有研究的回顾证实了家庭经营在多个领域的比较优势，但这不足以论证基层政府主导农地流转所引致的大规模农地经营中的"去家庭化"问题有何危害。对这一问题的回答，可从已有研究和调研中找到答案。

（一）大规模农地经营未带来可遇见的全要素节约与增产优势

生产要素的集聚最终是为了规模效应的发挥，大规模农地经营主体对此心知肚明。大量采用机械替代人工，在不得不需要人工环节使用雇工也成为应对"用工工资刚性"最有效的办法[①]，这也是经营者大规模租地经营的初衷。经营者通过大规模应用农机具、雇佣最少的农机手实现大面积连片经营，使劳动生产率得以大幅提升。但现实中这一"算盘"面临三大无奈：一是生产经营端的实际用工环节和用工量往往超出预期；二是即便用工总量未超出预期，收获季节的"用工稀缺性"也使得雇工支出超额不可避免；三是正如科技效应的"双刃剑"一样，大幅劳动生产率的提升是以土地产出率下降为代价的。已有研究表明，小规模土地经营往往有利于提高土地产出率，大规模农地经营反倒不利于提高土地产出率（夏永祥，2002）。在现有科技水平下，同一时点和区域内，经营主体对农地的投入随投资的增加，边际收益呈先增加后减少，并最终降至边际平均经营规模收益率以下的运动轨迹（图 9-1）。图 9-1 中，横轴表示农地投资（I），纵轴表示农地收益率（P），AB 为农地经营边际收益率曲线 MR_{LM}，CD 为当地农地平均农地经营规模收益率 $ACMS_{LM}$，M_1 和 M_2 分别为曲线 MR_{LM} 与曲线 $ACMS_{LM}$ 的交点。假设同一技术条件下，同一时点和地域内，规模经营农地较为集中连片且适宜农机具应用，P_0 为 M_1、M_2 对应的农地收益率，此时的投资额为 I_1 和 I_2，对应的农地经营面积为 S_1 和 S_2。当农地经营面积介于 S_1、S_2 之间时，边际收益率超过当地平均农地经营规模收益率，这会激励经营主体通过继续扩大规模追求更多收益。而当农地经营面积小于 S_1 或大于 S_2 时，由于投资收益率小于当地平均农地经营规模收益率，这会促使经营者减少农地经营规模或转而投向其他领域。图 9-1 揭示了农地经营"适度"规模的范围，即经营规模一旦超越"适度"阈值，更多的投资不仅不能带来边际收益率的提高，反而会下降。

一些专家的研究结论也有印证。黄祖辉等（1998）对农田规模经营效率的研究证实了"合理的经营规模要建立在土地充分利用基础上，应避免经营规模扩大，经营者收入增加，但土地亩产下降，出现'广种薄收'的现象"。

---

① 据调查显示，临时雇工工资受生产环节、农忙季节、用工数量等因素共同影响，各地非收获季节用工价格（工作时长 8~10 小时）普遍在男工 80~120 元/日、女工 60~100 元/日。

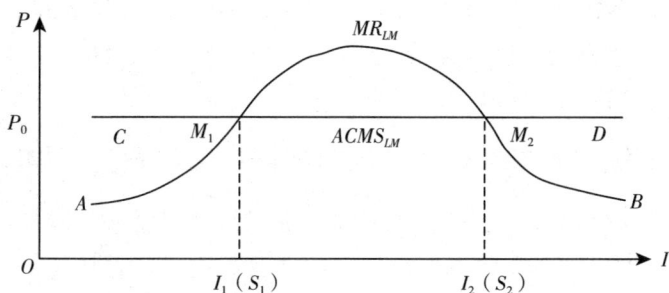

图 9-1　大规模农地经营的边际收益率递减规律

刘凤芹（2006）对黑龙江产粮大县的实证分析证实了"大规模土地经营与小规模家庭农户相比并未显示出可察觉的全要素节约优势和单位产量优势，单纯从粮食产量考虑推进大规模土地经营是不足取的"。胡初枝和黄贤金（2007）的研究也证实了在适度经营范围内，土地经营规模对农业生产绩效产生正效应，农地经营规模扩大可以实现土地与资金、劳动力的优化配置，并带来全要素的节约，但不适用于大规模农地经营。调研反馈也佐证了此点，无论是平坦的华北平原、富饶的东北平原、广袤的西北大地，还是富庶的江南米乡，500 亩以上经营规模亩均单季平均产量普遍较 100～200 亩经营规模低 50～100 千克，山区和丘陵的反差可能更大。大规模农地经营主体一方面在拼命追求规模效应带来的红利，一方面又不得不面对"委托-代理问题"挥之不去的困扰：雇工效率、监督成本与超额开支。

（二）单产收益下降诱导经营者更多关注面积扩大

从地方情况看，华北平原一年两熟地区正常年份下，不计大户自家劳动成本，500 亩以上经营规模亩均单季 100～200 元的纯利润，使得多数大规模农地经营者种粮收益主要依赖国家种粮补贴（种粮直接补贴、良种补贴、农资综合补贴等）和地方农地流转补贴（如滕州市政府规定给予农地流入方补贴每亩 100 元/年）。两项合计 600～1 000 元的亩均年利润使得大规模农地经营者种粮收益主要依赖国家种粮补贴。这类情况易诱发两大隐患：一是大规模农地经营主体更关注种粮面积大小，通过提高亩产集约式地增加收益已非首选，靠扩大面积粗犷增加收益才是最直接、最见效的甜头；二是大规模农地经营者更在意包括种粮补贴在内的各类补贴（尚旭东，2015）。争取农业项目、包装宣传自己、做活表面文章等宣传投资不仅离踏踏实实务农、实实在在种粮渐行渐远，增加的投资短期内也使原本有限的利润更为拮据。类似的行为还易引发"官商勾结"、权力寻租，不利于粮食补贴用于最需要主体的财政补贴政策设计初衷。

（三）助推"非农"或"非粮"经营，粮食安全保障压力陡增

大规模农地经营追求的土地集中连片加速了农地流转价格攀升，为应对高流转价格，"非粮"甚至"非农"经营成为备选。这可从经营者为获得集中连片土地，短期内种粮成本受流转价格上涨引致提升的分析中得到启示（图 9-2）。基本假设如表 9-1 所示。

表 9-1　大规模农地流转经营引致短期种粮平均成本上升分析假设

序号	假设内容
（1）	农地种粮用途不变
（2）	农地集中连片需求弹性大于农地集中连片供给弹性
（3）	农地流转期限受经营预期利好，"多数农民仍把土地作为非农经营风险的退路，更多农地流转是短期的，甚至没有明确期限，转出户可随时收回土地（徐珍源、孔祥智，2010）"共同影响，流转期限越来越短 ①
（4）	短期内，农用机械效率提升对成本降低的贡献远不及农地集中连片后地租溢价与雇工工资增加对成本抬升的贡献 ②

农地流转绕不开发包方村（组）或村集体，现实中，为获得大面积集中连片土地，经营者挨家挨户与村民谈判显然不及直接与村（组）或村集体协商或依靠村干部做工作更实际、更有效（钱忠好，2003），收获期前后1~2月挨家挨户谈判获得的土地显然不及通过村（组）或村集体集中流转或借助村干部推动流转提供的供给面积大，这表现为农地供给曲线由 S_0 向 S_1 平移。与此同时，近年来较高粮价带来的稳定种粮收益使得农地经营者希望通过获得扩大经营规模增加收益，现实中往往表现为对大面积集中连片土地需求的增加，土地需求曲线由 D_0 向 D_1 平移，农地供需变化使得原来的均衡点 A 向点 B 移动，这导致了农地流转价格由 P_0 升至 P_1。农地流转价格的提高使得

---

① 注：这一现象可从调研结果有所反馈。

② 注：研究假设来自调研发现。

大规模种粮短期平均成本由 AVC_0 升至 AVC_1。考虑到大规模农地经营带来的规模效应可以部分抵消农地价格上涨、雇工工资增加导致的短期平均成本上升，短期平均成本 AVC_1 既可以降至 AVC_{2a}，也可以反升至 AVC_{2b}，这取决于"雇工工资上涨弹性"与"规模经营效应弹性"间大小关系。显然在（表9-1）假设条件下，AVC_1 不可能降回 AVC_0（图9-2）。

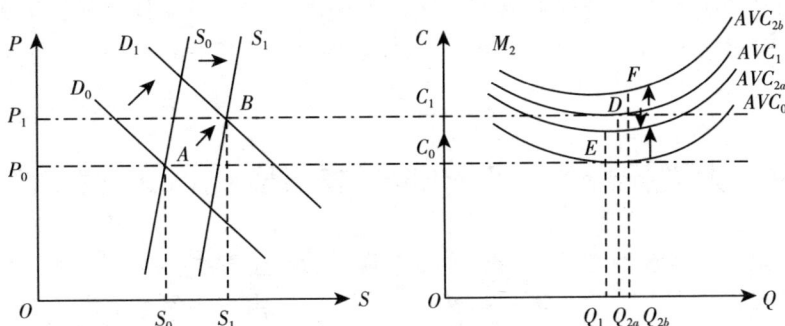

大规模农地流转对土地租金的提升　---→　大规模农地经营短期平均成本的上升

图9-2　大规模农地流转经营引致短期种粮平均成本上升

图9-2分析了大规模农地经营引致短期种粮平均成本上升的情况。为应对高流转价格，租入方（经营者）选择种植水果等高附加值经济作物的不在少数（尚旭东，2015），仍坚持种粮的大户很多还要依靠自有稻谷、面粉加工厂等维持，有些种粮大户已经或正在考虑选择马铃薯等高价格作物替代或季间轮种[1]，一直从事种粮的大户总量正面临萎缩，国家粮食安全保障压力陡增。目前我国人均耕地1.52亩，不足世界人均水平的一半[2]，仅为印度的1/3、越南的1/2、日本的1/12、韩国的1/2、俄罗斯的1/10、英国的1/60、美国的1/300（王小映，1999）。这样背景下，粮食安全要保障，离不开2亿多农户家庭的自给自足和剩余商品性粮食的有效供给。如果多数农户流转土地后进入非农产业，保障粮食安全仅仅依靠以总收益最大化为目标的大规模农地经营而非亩产收益较高的家庭经营，国家粮食安全保障恐难长期维系。

---

[1]　山东省滕州市、平度市等地出现类似情况。

[2]　资料来源：人民网．国土部：我国人均耕地降至1.52亩　不足世界人均水平一半［EB/OL］．（2013-12-30）．http：//politics．people．com．cn/n/2013/1230/c1001-23977290．html．

（四）经营者因经营不善跑路易加重地方政府政务工作量和财政负担

从调研情况看，大规模农地经营尽管有助于降低农资成本、实现机械化经营，但随之而来的雇工成本上升、管理成本增加、风险负担加重等不利因素亦如"双刃剑"一样考验着经营者的经营能力。一旦主体因经营不善被迫退出，赔款、垫资、复垦等收尾工作不仅加重地方事务性工作量，而且容易增加财政压力。

四、大规模农地经营中的"去家庭化"其他缘由

大规模农地经营中的"去家庭化"现象的产生有很多原因，但不可否认的是，基层政府主导农地流转是其中一个重要缘由。当然其他原因，包括经营主体主观倾向和客观政策诱致都是其产生的原因。

（一）追寻利润新增长点为资本逐利进入农业提供可能

近年来，随着我国经济增长进入新常态，房地产、建材、钢铁、石化、信托等大批领军型工商业发展正从中、高速增长向中、低速增长过渡①。大批不忍低回报率的过剩资本渴望进入新领域。与此同时，一方面，从农业生产端看，多年来稳定的粮食收购价格、深入的基础设施改造、增加的各类补贴投入使得从事农业再也不是无利可图的"夕阳产业"；另一方面，从农产品消费端看，城镇居民可支配收入的增长、生活水平的提高、消费结构的调整使得农产品需求面临升级转型，而各类品牌农业的发展进一步将利润扩大化，使得农业经营变成了"既体面、又得利"的"朝阳产业"，这为过剩资本进入农业，唤醒"沉睡的土地资本"提供了土地资本化的投资方向（徐运平，2014；尚旭东、朱守银，2015；耿宁、尚旭东，2018），并且通过利润和预期的双重激励，刺激着经营主体通过扩大流转土地面积追加投资。当下，不少大规模农地经营主体要么来自其他行业积累多年的个体工商户，要么是一些实力雄厚的大企业（或其实际控制的合作社）或强资本。

---

① 资料来源：新华网．进入新常态　中国经济要有新作为［EB/OL］．http：//www．xinhuanet.com//politics/2015 - 03/23/c_127612090.htm.

（二）主观套取政策优惠、客观政策诱致成主体投资大规模农地经营的诱因

在大规模农地经营中的"去家庭化"问题危害分析中，已对"单产收益下降诱致经营者更多关注经营面积扩大并更在意包括种粮补贴在内的各类补贴"有所阐释。事实上，经营者并非仅在亩均收益下降后才关注面积扩大并意识到要更多地在意相关补贴的。"主观上为了补贴才经营大规模农地"可能是其大规模农地经营的源动力。客观上政府农地流转补贴政策、规模主体补贴政策等或许是主要诱致因素。调研反馈证实了此点。山东省平度市调研显示，该市 2018 年 300 亩以上种粮大户数量呈井喷式增长。据当地农业部门同志反映，之所以出现这一情况并非主要来自经营者投资农业的热情，政府种粮大户补贴（230 元/亩）是其真正诱因。从经营主体看，不仅种植大户、家庭农场这样想，一些专业合作社特别是农机合作社在建社之初也有类似的打算。如黑龙江省很多大型农机合作社（像克山县仁发现代农业农机专业合作社）注册与当地政府巨额农机补贴是密不可分的①从调研情况看，黑龙江、江苏、山东、河南、四川等省的某些地市类似情况也时有发生。还有一些经营主体为了享受基础设施建设优惠而扩大农地经营规模，如一些县（市）政府通过建设农业产业园区吸引规模经营主体进驻，给予其附属设施建设用地指标或农机场库棚建设、烘干设备购置补贴等。

从政策变迁、农技升级、方式变革背景出发，本章探讨了基层政府主导农地流转的一个引致效应——大规模地经营中的"去家庭化"概念界定、经营特征和实践主体，从制度沿革、经验比较、效率验证、社会价值等角度对大规模农地经营中"去家庭化"行为的对立面农业"家庭经营"进行了文献回顾和再审视，并对大规模地经营中的"去家庭化"问题危害、产生原因进行了探讨。得到如下结论：一是大规模农地经营中的"去家庭化"是经营主体（或过剩资本）主动尝试务农、进入农业的有益探索，从经营主体角度看，有其合理性，本质上是一次套取政策补贴优惠等"多目标决策"下的企业投资行为。二是大规模农地经营因其规模超越家庭成员能力范畴，"去家庭化"行为既是经营者追求利润最大化的初衷首选，也成为规模超越适度阈

---

① 资料来源：尚旭东. 农民合作社农地经营情况调研报告. 农业农村部农村土地承包经营管理制度系列调研报告，2018-09.

值后的无奈之举，而农业某些生产环节必须依赖人工的现实又使得经营者不得不需要雇工。三是现有技术条件下，大规模农地经营未带来可预见的全要素节约与增产优势，其所追求的"农机规模经营"和"农资采购低价"无力弥补"集中连片土地价格上涨"和"刘易斯拐点下雇工棘轮工资"带来的成本上升，而雇工效率低下、监督成本上升等"委托-代理"问题，适度规模外超额开支等又加重了这一不利，成为大规模农地经营中"去家庭化"问题的"墨菲定律＋马太效应"。四是大规模农地经营下单产收益下降诱使经营者更关注面积扩大，并引发其更多关注补贴等补救行为，易引发"官商勾结"、权力寻租，不利于粮食补贴用于最需要主体的财政补贴政策设计初衷。五是现阶段大规模农地经营中的"去家庭化"因其无法实现预期成本下降，加之管理不善、雇工低效、亩产不高等问题，易催生经营者选择"非粮""非农"经营或因经营不善跑路，导致地方政府政务工作量和财政负担加重，国家粮食安全保障压力陡增。

第十章

问题的提出：
研究结论、问题成因与思考

一、主要研究结论

（一）供给侧结构性改革背景下农地流转政府行为形式多样，既有补贴激励、项目配套、规制设定和方式创新等，还有政策项目等多类型的手段

供给侧结构性改革背景下，围绕农地流转这个农业生产经营的基本要素，地方（基层）政府行为更多表现为多种政策工具的探索实践。既有流转（规模）补贴这样的经济激励，也有项目建设这样的实惠支持；既有设定规则这样的直接参与，也有组织农户入股土地股份合作社并合理设置股权这样的改革创新；既有引入金融机构，探索"信托＋流转"这样的金融新模式，也有专注基础设施建设，通过配套先进节水灌溉设施设备改善生产条件的间接支持。还有通过一系列"政策＋项目"组合、政策组合，如"流转补贴＋项目打造＋组织创新""多个财政补贴嵌套"等，让转入方能够更好地从事生产经营。

（二）农地流转政府行为偏好与实际工具选择存在偏差，由于目标的多元化，强制性特征工具偏好及其"应用惯性"，决定了政策工具的创新空间有限

供给侧结构性改革背景下农地流转政府行为更偏好于"环境型"政策工具，但工具的可操作性欠佳；"供给型"政策工具使用频次虽然适中，但自身缺乏前瞻性；"需求型"政策工具使用频次偏少，次级政策工具内部结构失衡。造成政府行为选择偏好的内在逻辑在于，对象多元化与目标多重性决定了政府流转的政策选择需要多元化的工具及其工具组合，这也是为什么多

地政府探索尝试形式多样的政策工具。但是，政策工具有效性促使政府偏好于选择带有强制性特征的政策工具，而较少使用市场化特征的政策工具，这可以解释为什么多地政府（部门）偏爱于流转（规模）补贴、项目打造、规制设定、推动入股等直接干预手段。政策工具合理性使得多地政府偏好于使用传统型政策工具，但政策工具的创新性相对缺乏，这解释了为什么财政补贴、项目建设、主体培育等政策工具受到多地政府青睐且乐此不疲地纷纷效仿。

（三）供给侧结构性改革背景下农地流转政府行为在契合国家大政方针、放活土地等要素流动、培育新型经营主体等方面都发挥了积极且显著作用

总的来看，在供给侧结构性改革背景下农地流转的政府行为取得了一定成效，表现为以下方面。一是能够有效促进土地规模流转，实现了流转双方的有效对接，特别是需求方"大规模、整建制、短时间"的流转需求，既保障了承包户相对较高的流转土地收入和期望，也避免了租地方直接面对众多小农户的无奈。二是推动了农地规模经营，特别是一些地方的适度规模经营，契合了中央引导农村土地有序流转、发展农业适度规模经营、调整产业结构、转变发展方式的政策要求。三是流转规则的制定，能够有效甄别和发现"有能力且合意政府目标"的适度规模种粮主体，有利于保障国家粮食和重要农产品供给安全，实现通过土地流转引导种粮适度规模经营这个"既能保障土地产出率，又能实现劳动生产率"的政府粮食安全保障目标，也有利于培育新型农业经营主体，有助于农业产业组织的创新和发展。四是有助于推动包括农村集体产权制度改革在内的多项改革，组建土地股份合作社、合理设置股权分配等，都是农地流转政府行为的正效应，有利于增加农民和村集体经济组织收益。五是有助于农业创新技术的推广应用，有利于节水增效和产业结构调整，长效保障国家粮食和重要农产品供给安全。

（四）农地流转基层政府行为易引发土地要素"非市场化"流动，干扰流转双方的投资决策和市场预期，政府行为极易破坏市场规则和要素合理配置

为适应农村劳动力转移、农业兼业化、务农老龄化形势应运而生的政府主导农地流转，有看似合情合理的现实背景和行为逻辑，并能带来短期农地

集中度增加、高质量耕地集聚、地利质量改善、谈判环节简化、时间成本节约等优势和便利。但长远看，将农地一元供求市场割裂为二元市场所诱致的"地租乘数"放大需求弹性并助推流转"溢价"；政府介入流转扭曲了流转市场供求关系，将原本市场配置下的供需均衡变为有利于"卖方垄断"的供需失衡；承包户议价地位提升后基于"劳动力双重成本负担"的询价逻辑又助推了流转溢价的"棘轮效应"；承包户议价地位提升引致"溢价"合力挤压流入方经营利润，而农产品天花板价格的存在则进一步限制流入方经营利润，助推"非粮化"倾向，增大国家粮食安全保障压力，加速流入方仅关注经营面积、忽视土地产出率、在意补贴数额等扭曲经营行为；与此同时，依靠政府主导流转而非市场配置所形成的大规模农地经营，其"成本弹性"未显现出可预期的<1，即未出现规模效益与成本随规模扩张递减，即基层政府主导农地流转的成本集约效应是失效的。

（五）农地流转基层政府行为易诱发规则内参与者"寻租"行为，引发"创租"效应，导致规制失灵，易引发乡村治理系列问题，政府行为得不偿失

为规范流转秩序、培育本地种粮主体、发展适度规模经营应运而生的基层政府主导农地流转竞标模式，有其现实背景和逻辑因由，并能带来规模经营比例迅速提升、主体培育加速发展等短期效应。然而，政府主导农地流转模式同时伴有某些局限并带有一定风险，表现为明标竞投无益于对流转价格的管控，甚至可能助推溢价，容易破坏乡里乡亲睦邻友善的亲友关系；暗标竞投下的竞标者抑价寻租有悖于均衡价格形成，易推动政府"创租"；竞标模式不可避免增加乡村治理事项，基层政府介入很难平抑好各方诉求，个别寻租行为加重了村民特别是承包户和土地流入方的不满，使得主导农地流转模式成效不管有多大，基层政府很难全身而退，"塔西佗陷阱"可能越陷越深，基层政府公信力和执行力受此牵绊恐大打折扣。

（六）农地流转基层政府流转补贴政策，不仅容易破坏公平的补贴主体环境，且容易诱致主体行为选择背离政策目标，背离了财政补贴政策设计初衷

基层政府农地流转补贴政策的实施尽管带来短期正效应，但不可避免地诱致一些负效应，主要表现为：推动流转"溢价"并有利于流出方寻租

进而助推溢价棘轮效应，形成对小规模或分散农户的"挤出效应"及大规模主体流转交易的"自我挤占"，这使得补贴工具的政策效应蜕变为惠及少数主体的"俱乐部产品"，政策效应的社会福利损失难以规避，很难形成公共政策的"最大公约数"；与此同时，补贴政策易促成土地产出率保持的负向激励，诱使主体热衷于走扩张规模的"外延式"发展模式，既无助于农业规模经营平稳、有序发展，也不利于耕地保护趋紧压力下国家粮食安全的保障与维系，更不利于粮食补贴用于最需要主体的财政补贴政策设计初衷。

（七）以追求收益最大化为目标的转入主体行为，在政府主导农地流转扩张阶段很难拟合政府推动供给侧结构性改革、保障粮食安全等公共政策目标

农地流入方从事土地规模经营的目标指向了收益最大化，如前述分析，种什么无所谓（受资本、技术等约束，有些经济作物需要更多的资本、更高的技术门槛，但对于多数粮食作物，如成都地区，主体既可以选择"粳稻＋冬小麦"，也可以选择"冬春两季籼稻"，还可以选择"粳稻＋玉米"，这么做主要是为了获得规模经营流转补贴和种粮补贴），流转后经营只是手段，赚取收益才是目标。基于实现该目标的主体行为逻辑，在规模扩张初期，受"规模（面积）贡献率"加速"最大化收益贡献率"利好影响，主体往往更偏执于通过规模扩张增加收益，相反忽视保障或者提升"规模利润贡献率"进而提高"最大化收益贡献率"。但主体行为选择的结果却很难保障"土地产出率"——这一"基本国情"和"典型农情"约束下农地经营不得不依仗和需要保障的核心因素（假设当期科技进步贡献率很难提高）。超越"适度"后的规模扩张不但未能保障"规模利润贡献率"，不断增加的规模效应及其正向预期，也极大地刺激了主体致力于强化"规模（面积）贡献率"，提升"最大化收益贡献率"进而实现最大化收益。在规模扩张的中前期，主体行为逻辑与政府推动农地流转、契合供给侧结构性改革目标、发展现代农业的政策目标似乎很难有交汇，甚至可能渐行渐远，只有在补贴政策、项目扶持等外生力量激励下，主体行为才可能与政府公益目标达成短期的一致。

（八）农地流转基层政府行为易催生大规模农地经营"去家庭化"，既不利于经营主体健康发展，也无助于保障国家粮食安全战略目标的实现与维系

大规模农地经营中的"去家庭化"是经营主体尝试务农、进入农业的有益探索，本质上是一次套取政策补贴优惠等"多目标决策"下的"企业投资"行为；现有技术条件下，大规模农地经营未带来可预见的全要素节约与增产优势，其所追求的"农机规模经营"和"农资采购低价"无力弥补"土地因集中连片价格上涨"和"刘易斯拐点下雇工棘轮工资"带来的成本上升，而雇工效率低下、监督成本上升等"委托-代理"问题、适度规模外"不经济"支出又加重了这一不利，成为大规模农地经营中"去家庭化"行为的"墨菲定律＋马太效应"，易引发经营者更多关注面积扩大、套取补贴、选择"非粮""非农"经营等行为，加重国家粮食安全保障压力，不益于"藏粮于地""藏粮于技"等保障国家粮食安全战略目标的维系。

二、问题的成因

深刻认识和科学把握农业供给侧问题根源，对防止用引发问题的思维推进农业供给侧结构性改革极其重要；供给侧结构性改革背景下基层政府主导流转之所以在行为和目标上发生背离，有其深层次根源和问题，表现在8个方面。

（一）简单将小规模、分散化农地经营弊端归罪于家庭经营是根源

人地资源禀赋条件对农业现代化模式与路径选择具有基础性影响。一是庞大的农业人口、稀缺的水土资源，决定了保障粮食尤其是口粮安全、稳定农民就业和收入，具有极端重要性，需要保障土地产出率、劳动生产率和资源利用率均衡增长。这恰恰是适度规模经营释放的理想目标。二是即使城镇化率达70%甚至90%，仍有4亿~5亿人口、1亿多农户或1.5亿人口、0.4亿农户要依靠有限的耕地资源生产、生活乃至生存。但不少地方在农业现代化建设实践中，出现了"求大、求快"现象。农地流转地方政府行为的初衷是通过大规模流转、集约化经营，借鉴"美国式"模式，发展所谓的"规模经营"进而发展现代农业。思路背后，是部分领导干部简单认为家庭

经营就是所谓的"小农经济"，不再适应现代农业发展需要，唯有通过招商引资，引进工商资本和外来市场主体发展现代农业的"片面认识"在作怪。事实上，小规模、分散化及其弊端的"原罪"在于人多地少的基本国情，非家庭经营的内在精髓和农户选择；与时俱进的家庭经营是一个开放的经济组织形式，完全可以融入农业社会化大生产之中，且其特有的"节省监督成本"的内在优势已得到检验和公认，未来我国现代农业发展离不开也不可能脱离以家庭经营为基础的经营模式。

（二）热衷用所谓的工业化大生产理念谋划农地经营是主要动机

农业产业化运行中，很多领域和环节适宜用工业化大生产理念去谋划和发展，如社会化服务和农产品运销、加工等。但现实中，不少基层干部总是将这一理念移植到农地经营中，热衷公司制规模化发展。但农地经营过程因具有时间季节性、空间分散性、劳动间歇性、收成一次性特征，既需要对其微小变化、点滴需求作出及时反应，也需要劳动者具有高度自觉性；依靠雇工劳动的公司制主体很难实现，只有对最终劳动成果负完全责任的家庭经营才能做到。部分地区为推进农机替代劳力，过快速度、过高标准、过大型号、过多补贴供给农机，导致农机超出劳动力转移和规模化经营水平的实际需求，造成"农机大、土地散"的局面。结果，有些地方政府要么硬推土地流转，要么把大型农机向外租售，浪费公共财政资源；既不注重农机精耕细作功能开发、促进机艺融合，也不注重根据不同地形地貌、不同产业的实际需求，研发推广适宜性农机。

（三）错误地将农地流转经营规模等同于农业规模经营是直接原因

不少地区片面强调扩大农地规模经营能够节约农资等物化投入，采用行政性、给补贴等方式，推进整建制流转和大规模经营，忽视了土地成本显性化问题，诱发了用工减少、劳动成本上升问题，加大了经营风险，又提升了农民流转承包地价格预期，降低了农业人口"离农离地"意愿。当前，多数乡镇干部错误地将农业规模经营等同于农地流转规模。事实上，农业规模经营的内涵更为丰富，除了农地规模经营，也可以通过集约化实现农业规模经营，其中"单产不下降"是农业规模经营的重要特征，而依靠大规模而非高亩产获得的多收益不符合农业规模经营的内涵。单一追求面积集中而不考虑连片和亩产不降低的经营方式显然难以有效保障粮食安全，这种"费力又难增产"的模式选择显然不及市场配置资源更为有效。这也是中央一再强调发展农地适度规模经营的原因所在。

（四）执拗相信扩大农地经营规模就能提高劳动生产率是主要原因

调研中感受最深的是，现实中，不少基层干部热衷于美国式的"人少地多"大规模经营模式，相信扩大农地经营规模是提高劳动生产率的最便捷途径。事实上，"美国式"的经营模式基础在于其农地要素的绝对比较优势，我国无论在农地总量还是人均占有量上远不能和美国相提并论，"人多地少水缺田瘦"的基本国情决定了端稳 14 亿人口的饭碗离不开有限耕地的单产贡献，这也预示着，像美国那样大面积机械化经营的"一年一季"耕种模式（没有复种）在中长期内很难在我国"水土相符"。当前，通过农地要素的适度集聚发展规模经营，是适应我国农业资源人均"稀缺"客观条件、顺应农村劳动力转移背景下水到渠成的一种经营模式"嬗变"，是有效提高劳动产出率且能保障土地产出率的生产方式的悄然变革，这恰恰是现阶段提高劳动生产率、保障土地产出率的根本路径。从这个角度讲，仅仅依靠基层政府主导农地流转进而发展规模经营的路径显然是不足取的。

（五）渴望借助农机替代劳动力实现规模效应和收益最大化是动因

众所周知，农地经营收益受两类要素投入影响较大。一类是"生物化学投入"（如良种、肥料、农药等流动资产），这是一种"土地节约型技术"（生物化学技术），可以改变土地理化性质、改良土壤营养成分，具有可分性，对农地经营规模没有具体要求，但对土地产出率有决定性作用，只要保证投入足够的劳动力和流动资产，就可以适当提高土地产出率，属于经济学中的短期生产理论范畴。另一类是"农机装备投入"（如农用机械等固定资产），这是一种"劳动节约型技术"，具有不可分性，固定资产的利用对农地经营规模有相应要求，从长期看，农机装备（技术）对劳动生产率有决定性作用，对土地产出率不产生直接影响，存在规模经济问题，属于经济学中的长期生产理论范畴。通常情况下，农地经营规模越大，固定资本（如农机装备等）越能得到充分折旧，当前在农村劳动力越来越多投向回报率更高行业的背景下，务农劳动力供给已超越"刘易斯拐点"，并进入刘易斯第Ⅰ阶段，务农工资的上升具有棘轮效应，这使得利用农机具替代人力进而降低成本成为一种无奈下的必然之举。这也从侧面为基层政府和经营者打算通过基层政府主导流转大面积耕地，走"外延式要素堆积"模式，发展大面积农机化耕种收提供了动机。但可惜的是，这一思路不能适应现阶段我国的基本国情和典型农情。

（六）政府行政干预行为扭曲农地流转市场供求关系及其后续影响

调查发现，不少地方为大规模推进农地流转，乡村干部"主动出击"，一方面说服教育承包户转出土地；一方面找大户、招企业转入土地，普遍出现规模化农地流转租金远高于农户自发流转地租水平和承包户自营土地盈利水平的现象。究其根源，行政干预下的土地流转市场，形成了地租"少数人要价决定"机制，"棘轮效应"明显：一是行政干预"虚高"了流转土地需求，抬高了转出者的市场谈判地位；二是整建制土地流转中，总会有部分转出者以"不愿转出"为理由，以基本未扣除"劳动成本和土地成本"的农地"自营收益"为基础价格，以当地发展高效农业"租地价"、或"以租代征"地价为目标价格进行要价；三是少部分"不愿转出"者与基层组织和农地转入者"博弈"下形成的地租价格，使多数人"搭车"，成为整建制连片流转的土地价格。一方面，转出者未扣除的"劳动和土地成本"显性化，成为转入者实实在在的土地成本（事实上隐含着部分"劳动"成本）；另一方面，规模化农地经营者要按照城乡间的劳动力市场价格，投入一些雇佣劳动，使其农产品生产分摊了"双重劳动成本"：这就是农地规模经营者"劳动投工"减少、"劳动成本"上升的重要原因。

（七）农地经营"公益要求"与"公共政策"在目标设定上不统一

实地调查发现，基层实践中，不同程度地存在忽视农地经营的公益性要求、农业公共政策有效性不足等问题。

1. 农业生产、农地经营需要实现公共目标

农业生产、农地经营市场化、高效化，是现代农业发展的基本要求和必然趋势。但在我国人多地少水缺基本国情下，作为人类生存最需要、国民经

济最基础、生态功能最显著的产业，农业尤其是农地经营承载着不少与其他产业不同的公益职能，有不少仅靠市场机制难以完成的公共目标：一是保障粮食安全，尤其是口粮的绝对安全和重要农产品的有效供给；二是自然资源既紧缺又不可再生，生态环境也具公共性，必须得到有效保护，实现可持续发展；三是始终会有规模庞大的农民需要依赖农业，尤其是农地提供就业、收入、生活甚至生存保障。因此，必须有效发挥政府作用，充分利用公共政策手段，引导农业生产尤其是农地经营，实现公共目标。

2. 农业产业、粮食供给安全形势依然严峻

多年来，我国农业尤其是粮食生产得到快速发展，取得显著成效。但是，近几年受价格"天花板"、成本"地板"的双重挤压，受财政补贴能力、WTO世界贸易组织补贴规则的双重约束，受自然资源开发过度、生态环境压力剧增的双重限制，多数农产品面临巨大进口压力，市场价格下行、效益空间收窄趋势明显，农民做农业、地方抓农业的积极性开始下降，农业全行业萎缩的潜在压力剧增，整体性农业风险问题显现。

截至2022年年底，虽然我国粮食生产实现"十九连丰"，全国粮食总产量还续8年保持在1.3万亿斤以上，但研究团队经过调研认为，我国粮食安全目前仍然面临潜在风险。一是除了农业技术集成推广应用的重大贡献以外，行政手段推动、最低收购和临时收储政策刺激、资源超载利用、化肥农药过量投入等因素，对推动政府抓粮、农民种粮的作用更具根本性。但是，在目前转方式、调结构、追求农业可持续发展的新形势下，这些作用的些许下降，就会直接影响农民种粮积极性。二是当前粮食供给的结构性过剩，与工业品过剩完全不同，不是生产能力过剩，相对粮食需求来说，自产能力仍然不足；"进口多""库存多"并存，是由国际粮价极低，大量"国货入库""洋货入市"造成的，而且"库存"粮食也不能持续利用，过期即作废；即使国际粮食供给形势能够继续保持，我国恐怕也难以承受长时期、高比例、多品种依赖进口之"重"。三是随着土地流转价格的攀升、经营规模的扩大，各地尤其是新型主体普遍出现了粮食面积减少、亩产下降趋势；加上最低收购和临时收储政策价格开始走低，超大规模粮食经营者已经感到巨大压力，将使这种趋势进一步增强。四是基层干部对粮食安全形势并不乐观。调研210多名县级农业农村局局长学员，在回答"当地的土壤质量、基础设施水平、水资源及灌溉设施等条件，是否具备能够稳定支撑当前粮食生产水平"的问题时，选择"否"的占53.3%；在回答"按照当前的粮食价格、赢利水平及生产条件，如果政府不进行行政性干预、完全由生产经营主体自主调整农地种植结构，对我国粮食生产的影响是什么"问题时，认为"种粮面积、粮食总产会大幅度下降"的占 52.3%。

3. 政策实施的效果偏离公共目标问题突出

近些年，为推进现代农业发展，各级政府出台诸多支持引导政策，拿出不少财政资金，发挥了巨大作用。但实地调查发现，当前有不少农业支持政策，尤其是财政资金，支持方向发生了偏移：不少财政资金直接由政府用于培育新型主体，树立发展典型；按照只有下限、没有上限的标准，直接用于农地流转、规模经营等土地资源配置补贴和奖励；通过直接补贴的方式用于本该由市场主体投资完成的高效农业发展；等等。这就带来一系列不良后果：一是受支持政策诱导，不少新型主体在相互攀比中走上"靠规模出利润、向政策要效益、须支持才生存"的路子；二是过快推进土地流转，抬高了租地价格和生产成本，新型主体农地经营"非粮化""非农化"行为凸显，同时也抬高了实力不足农户农地转入门槛，抑制专业农户成长壮大；三是过大规模、过大型号、过快速度供给农业机械，超出小规模普通农户的实际需求，迫使农机服务组织朝租地经营的"去专业化"方向发展。

（八）对转变农业发展方式的"路径选择"在理解和设定上存在偏差

转变农业发展方式已经成为当前和今后一个时期的重大任务。但实地调查发现，一些地方转变农业发展方式实践中，出现了目标与路径选择偏差。

1. 对技术进步和创新驱动核心作用认识不清

转变农业发展方式，不能"穿新鞋走老路""换汤不换药"。关键是围绕实现劳动生产率、土地产出率、资源利用率均衡增长，农产品数量、质量、效益保障并重，经济效益、社会效益、生态效益共同提高目标，选好"路"、换对"药"，核心是推进技术进步和创新驱动，提高农业全要素生产率。一是要通过加快农业科技创新、集成推广各类先进农业技术，提高农业科技贡献率。二是要依靠创新驱动，推动农业生产方式、经营方式、管理方式和资源利用方式变革，优化要素结构，推进农业生产向集约化经营方向转变。农地经营规模"靠行政推动"、资本投入"靠招商引资"、新型主体"靠政府培育"的办法，虽然能够快速提升规模经营水平，促进农业转型升级，但主体不稳定、发展不持续问题凸显。

2. 对农民职业化和农户专业化发展重视不够

目前，我国城镇化率超过 65%，6 亿乡村人口是"保守数"，20.3 亿亩耕地资源是"极大值"，人均耕地不足 3.3 亩。即使未来耕地资源不再减少，将来城镇化率达到 70%，也有 4 亿多农民、1 亿多农户，在人均不足 5 亩的耕地上生产、生活甚至生存。这是个难以改变、必须面对、不能忽视的硬约束条件。加上农村基本经营制度的要求，农业尤其是农地经营需要从业者具有技能专业性、就业稳定性，要注重培养高素质农民和专业农户，并促使其向新型主体转变。农业劳动力不能仅仅成为技能不专业、岗位不稳定的个体农业打工者，农业不能依赖不知农业特性、不懂专业技能、不能稳定从业的群体去经营。

三、问题的思考

着眼于农地流转地方政府行为，本章从探视政府行为产生的现实背景、逻辑因由、操作流程、短期效应出发，重点分析了基层政府行为对农地流转要素市场的影响、政策手段的弊端、潜在风险与主要问题，思考如下。

（一）尽管农地流转政府行为意在创设流转秩序、培育本地种粮主体，但政策手段执行过程中很难克服租地户"寻租行为"和"流转溢价"

如前所述，暗标竞投尽管可以避免明标竞投带来的挫和气、伤感情、损关系等负面效应，但竞标户私下串标、合谋竞标等"寻租行为"不可避免，由此引发的竞标户对竞标模式设计反感、不认可等反应一定程度抵消了模式设计的正效应。此外，明标竞投无益于对流转价格的管控，反而助推"溢价"，背离了模式设计初衷，容易破坏村民和睦相处关系；暗标竞投下的竞标户抑价寻租有悖于均衡价格形成。如前所述，明标竞投推涨的"溢价"增加了地租成本，这可理解为大规模农地流转获得性的一种机会成本，但增加的溢价和所造成的农地流转市场买卖双方失衡却背离了模式设计初衷。如果不采取明标竞投，在暗标竞投模式下，竞标人合谋"抑价"寻租行为，其实质是将原本由市场供需决定的均衡价格人为压低，形成寡头垄断。从长远看，短视的压价行为很难维系竞标模式的长效政策目标。

（二）政府行为尽管短期内实现了农地要素的规模流动，有助于农业规模经营及相关要素成本节约，但因内生缺陷和创租效应，政策目标实现恐难长期维系

表面上看，农地流转地方政府行为实现了农地集中连片、农资规模采购、农机统一耕收，降低了种植成本，实现了规模经营。然而，仔细分析不难发现，政府推动农地流转带来的规模效益完全可由合作社的功能实现。农民自发以土地入股组建农地股份合作社，实现农地集中连片，集中的土地可在种子、化肥、农药、农膜、农机具采购上实现规模购买、集中降价；同时，还可通过农机合作社提供农机化服务实现播、种、收全程低价租用。即使不组建土地股份合作社，专业合作社的统购统销、统种统收功能也完全可以实现规模效应带来的农资成本下降。因此，基层政府主导农地流转带来的规模效应并非降低农资成本的因果效应，农民合作社的服务功能同样可以实现这一效果。与此同时，流转补贴政策的天然缺陷在于政策很难区分哪些交易属于市场环境下可以实现的，哪些交易又是在市场环境下不能实现、需要政策激励的，这极大降低了补贴工具的政策效应。从这个意义上讲，单纯依靠补贴政策追求规模经营指标，很多时候是违背市场规律的，其实质是政府未能划清政府职能与市场作用的边界，盲目或简单依靠财政手段追求短期目标，从长远看，其政策效应很可能陷入好心办坏事、办事不领情或虎头蛇尾的尴尬处境。

（三）基层政府所倡导的竞标模式不可避免增加乡村治理事项

基层政府介入流转很难平抑好各方诉求，个别政府"寻租"行为加重了民众不满，使得模式成效不管有多大，政府很难全身而退，"塔西佗陷阱"可能越陷越深，基层政府公信力和执行力受此牵绊恐大打折扣。作为竞标模式的附带效应，明标竞投容易引发乡村治理问题，事实上，暗标竞投带来的竞标人对乡镇政府公信力不认可，基层政府漠视竞标人合谋串标引发的公信力下降问题也是基层政府所不愿意看到的。如果乡（镇）政府借竞标模式从中寻租，更会加重民众不满，基层政府的"好心办坏事"使得其很难全身而退。

（四）政策手段的实施不应造成自我"寻租"并带来"创租"，更不能为解决旧问题而引发一系列新问题

众所周知，一种资源，如果它提供的服务与其收费没有关系，它体现出

来的就是"租"。从这个意义上讲，基层政府主导农地流转行为不但不能杜绝自我寻租，反而助长了主体寻租，即创租。实际上，政府主导农地流转的出发点是好的，但评价政策手段有效性的标准之一是"任何政策不能在解决旧问题的同时又创造出一个或者一系列新问题"，否则这样的政策是无效的或者有效性不足，即供给侧结构性改革应在最大范围内消除政府"创租"及其负效应。根本而言，政府手上能够给出或创造的好处越少，寻租活动就会越少（尚旭东、韩洁，2016）。政府和经营主体之间应有一个比较明确的边界，政府做自己擅长的事情，守住本职工作，向社会提供更好的服务，而非执拗于无效的管制，应将那些有风险的事情，创造价值、争夺好处的事情交由市场，留给经营主体。显然，按此标准衡量，政府主导竞标模式的政策效应是不够理想的。

（五）为实现某一目标的激励政策不应在解决既有问题的同时诱发多个新生问题，更不应以牺牲多数人的利益换取少数人的发展

不可否认，流转补贴政策设计初衷是积极进取的，政策实施也取得了一些正效应，但这些正效应是以可能诱发一系列新问题为代价的，平抑新生问题的政策代价可能远比解决既有矛盾的成本更高，即政策出台的"机会成本"是不足取的。无论是农业规模经营，还是农业现代化，都应该是一个不断发展变化的动态目标，过度追求和重视短期效应，伤害的只能是长期发展目标和农民福祉（尚旭东、朱守银，2017）。从长远来看，对农业规模经营发展的激励仍需不断探索和创新脱离补贴诱致的长效政策创设，这也将成为时下推进农业供给侧结构性改革中政府应着力思考的改革方向所在。

（六）基层政府引导农地流转发展规模经营的政策取向应从容易创租的补贴政策向完善基础设施投入政策转变

以供给侧结构性改革视角审视基层政府主导流转进而发展农业规模经营，其"短板"显然在于对经营主体、村镇干部的补贴激励。一定额度的补贴可以部分抵消流转溢价，暗标竞投方式下甚至可能增收，这稳定了主体经营预期，一定程度上也增加了基层政府乃至个人收入。但同时带来了"依赖效应"，即经营主体可以不需要充分地考虑其经营效率，特别是在暗标竞投模式下。"依赖效应"的弊端使得生存压力对主体经营行为的激励效应边际递减。相应的供给侧结构性改革的"调结构、转方式"力度也不如市场竞标

下行为调整的充分与可持续。其结果容易带来经营能力的原地踏步、创新能力的不思进取。长远看，只有积极发展脱离财政补贴激励的流转方式，而非所谓管控模式，才能真正建立起经得住考验、长效兼顾政策目标的农业规模经营。从调研反馈看，不少规模经营主体坦承，如果没有流转补贴，其经营很难维持，更不用说增加投入、使用新技术或者进行长期投入。事实上，与通过流转补贴政策促进农业规模经营相比，对广义上的生产技术、设施设备实施补贴可能更为可取。现实可行的做法就是对农业基础设施建设（如农田水利修缮扩建、水肥滴灌一体化普及推广、测土配方施肥技术施用）投入加大补贴。农业规模经营通常需要地块平整、设施修缮、路电配套等，而规模经营主体通常没有更多资金或无力进行长期投入，此时基础设施的完善对农业生产的长期保障和促进可能更可持续、更为有效。

（七）家庭承包经营下农地规模化问题的政府引导方向性问题

家庭承包是为坚持土地集体所有、由国家政策制度规定的，家庭经营是遵循自然规律的和借鉴成功经验、由农业特性与家庭特性高度契合决定的，因此实行家庭承包经营具有中国特色。一定水平的农地经营规模，是农业现代化重要标志。但人多地少水缺这样的基本国情下，农地经营总体呈现"小规模"基本特征和长期态势。推动土地经营权流转、发展规模经营，必须考虑几个问题。

1. 农民土地经营权流转意愿和时机把握问题

农民是否流转土地，受土地经营收益、非农就业质量、城镇化引力、农业劳动能力、土地租金水平等诸多因素影响。虽然"80后不爱种地，90后不想种地，00后不谈种地""农业老龄化"趋势明显，土地流转规模逐步扩大，但总体上"老龄"人口还能劳动，农民、农户数量仍然庞大，自愿流转意愿仍然不够强烈和普遍。由此判断，未来5～8年后，土地流转速度总体会有所加快、区域间会有差异。即使城镇常住人口达到70%，也会有4亿多人依靠土地生存，不会从根本上改变农地小规模经营基本格局，但集约化经营水平会有较大提升。

2. 农民土地流转的行为特征与负面影响问题

农民是否流转土地，影响和决定因素各有不同；再加上土地承包经营权属于用益物权、具有福利性质，一定区域内的土地流转，会因农民意愿不相同、选择不同步、诉求不一致，使统一性、大规模、连片化开展土地流转难度极大。多数农民的土地流转行为，往往更加看重眼前利益、个体利益，短期内追求利益最大化、风险最小化，连片土地流转实践中，部分农户"不流转损失不大""要流转要价很高"现象客观存在，统一性越强、行政力越大、连片度越广，这种现象越严重。这虽然可能影响整体利益、社会利益、长远利益，但这是农民的利益选择，需充分尊重、保持耐心，只能引导、不应强迫。

3. 保障粮食安全和重要农产品有效供给问题

我国人多地少水缺且区域分布不均，保障粮食安全和重要农产品有效供给具有极端重要性。理论和实践都已证明，在其他因素不变情况下，规模大小是影响土地产出的重要指标，且在适度规模下亩产最高。大力发展适度规模家庭农场，无疑是保障粮食安全和重要农产品有效供给的最重要举措。因此，要改变具有"扶大"倾向的支持政策，取消那些按规模大小对个别主体、产业、产品给予财政补贴的做法；要把基础设施和高标准农田建设，新品种、新技术、新工艺利用，土壤改良、人才培养和生态环境治理等作为财政资金支持重点。

（八）农地适度规模经营发展的"动力问题"与"实现路径"

我国理论界、政策界，在研究农业经济尤其是农地经营时，在设计相关发展政策时，"适度规模经营"一词具有很高使用频率。但是，由于农地适度规模经营既是个政府政策目标，又需要通过市场主体在要素资源配置中推进，如何协调政府政策目标与市场主体经营目标，有几个问题需要考虑。

1. 农地适度规模经营的内涵与性质界定

利用规模经济理论分析农业经济时，"适度规模"概念主要用于研究经营规模与效率的关系，并把"适度规模"当作实现规模经济所需"规模区间"中那个更为理想的"规模"水平，即实现土地产出率和资源利用率最高、而劳动生产率较高目标的理想状态，更加强调土地产出率和资源利用率。通过农业农地适度规模经营，实现保障粮食安全和重要农产品有效供给目标，是人多地少水缺的基本国情下，国家和政府作出的正确、理性选择。因此，"适度规模经济"是一个中国特色的概念和分析工具，实现农业尤其是农地适度规模经营，首先是政府的政策目标。

2. 农地适度规模不是市场主体目标追求

市场主体是以提高劳动生产率和实现收益最大化为最终目标的，不是简单地追求亩均产出和亩均效益；只要扩大规模的边际成本小于边际效益，只要有利于提高劳动生产率和总收益，市场主体就有扩大规模的内在冲动；但过大的农地经营规模，又会因土地产出率和资源利用率下降而出现规模不经济问题。显然，新型农业经营主体的经营目标，与政府追求适度规模经营的政策目标并不一致。因此，要想让新型主体实施适度规模经营，在提高土地产出率和资源利用率基础上追求提高劳动生产率、实现收益最大化，必须针对适度规模经营主体制定特殊的支持政策。

3. 推进农地适度规模经营存在政策约束

农业支持政策和政府实施行为存在"按规模论英雄"现象，尤其是财政补贴政策。过度"扶大"给补贴，不仅违反财政公平原则，更易产生"三个扭曲"问题。第一，扭曲市场主体行为。一些新型主体既无专业优势、也非业务必要，为得"补贴"而求大，走上"靠规模出利润、向政策要效益"的路子。第二，扭曲资源要素价格。按土地规模给补贴，会把"补贴"转化为地租，推动地租价格上涨；按畜禽数量给补贴，会推动幼畜、雏禽涨价。第三，扭曲公平竞争环境。因过度"扶大"，忽视"适度"，中小规模经营者成本增加、环境恶化，导致产生"挤出"效应。

第
十
一
章

问题的提出：
政策优化建议

一、政府行为改进（政策工具选择）和完善的优先方向

（一）统筹考虑政策工具实施环境，选择合适政策工具

在不同的政策环境和制度下，农地流转参与主体与政策预期目标呈现差异化特征，其在选择政策工具组合时也应当具有差异化。比如在经济发展水平较高、政府财政实力强、城镇化水平较高、农业重要程度较低的地区，新型经营主体培育较好，金融税收等制度比较健全，此时政府可以适当减少使用"环境型"和"供给型"政策工具，增加"需求型"政策工具使用频率；社会经济发展水平较低的地区，可以前期以环境型和供给型政策工具为主，待相关主体发育成熟，金融税收制度环境比较健全后，逐渐增加需求型政策工具使用频率。此外，地方政府在制定农地流转政策时还应适当考虑地域文化特色，以增强政策针对性。

（二）导入市场化政策工具，对其进行优化配置与组合

市场化政策工具具有自主性、可见性、多样性和竞争性的特点，市场化政策工具通过打破政府垄断，促进和调整政府职能；通过优化资源配置，提高服务效率；通过加强公众参与，提高民主程度 。具体来说，一是加大补偿补贴政策工具的使用力度，利用需求型政策手段，维护农户的利益，降低土地流转中的不稳定性程度，推动农村土地流转进程；二是鼓励和引导更多社会力量参与到农村土地流转中，但仍要以政府可管控为基础，主要是通过提供补贴、政府和社会资本项目合作等方式，发挥好财政资金的翘板作用，拓宽农村土地流转资金来源渠道；三是政府要加强考核与评估，将优秀的并且可推广的模式大力宣传，形成示范效应。

（三）强化环境类和供给类次级政策工具的内部优势互补

1. 完善环境型政策工具细节

首先，细化农地流转政策的策略性措施，增强环境型政策工具的可实施性和可操作性。其次，加强对农村土地流转的金融支持，适度放宽金融管制，创造良好的融资环境，提供积极的融资和贷款等服务，以此推动农村土地流转。最后，发挥好税收优惠的激励影响，通过减免税收的方式吸引其他各类主体参与到农村土地流转领域中来。

2. 优化供给型政策工具结构

要提升上下机构对农村土地流转实践的信息互动，减少信息的不对称，有利于中央政府对相关规定及时作出调整与修正，可提高中央政府对地方实践指导的针对性。充分推进现代互联网技术在农村土地流转领域的应用，构建土地流转大数据平台，加强政府部门对土地改革信息的掌握，防止出现信息偏差。此外，还需加大农村土地流转领域的人力资本投入，以提供坚实的智力支持。

二、优化政府行为，完善农业公共政策选择与服务机制

农业公共政策，是政府及涉农部门开展农业行政管理、引导农业健康可持续发展的基本手段。

（一）按照公共利益导向，确定农业政策目标

一是改革已有"撒胡椒面"式直接农业补贴方式，要防止从一个极端走向另一个极端——即部分区域、少数主体获益，应对符合一定标准的目标群体实行"普遍惠及"。二是按照一定标准，整区域连片规划和推进公共工程建设、加大公共投入，改变针对个别市场主体直接采取"先建后补、以奖代补"方式分配公共财政资源的做法；依托市场化主体，利用财政资金撬动金融资本、社会资本开展公共工程建设，要健全资金筹集、管理和工程建管机制，按照连片推进原则，采取由政府组织引导、第三方具体实施的办法。三是加大财政对公共服务的投入。四是改革现行农产品目标价格补贴制度和价外补贴政策，探索试行政策性农业收益保险或价格保险政策。

（二）强化公共参与过程，优化政策制定程序

为增强农业政策决策科学性，防止农业公共政策脱离实际需求或伤害私人利益：一是要开展政策需求调研，根据政策目标自下而上广泛征求基层各方意见、建议，充分考虑和甄别政策可能带来的负外部性影响；二是要充分考虑不同地区对公共政策的影响差异，按照因地制宜原则，在确保能够实现公共政策目标下，尽可能丰富政策实施方案，提供更多决策参考；三是检查政策执行主体职能与其行为是否匹配，利益相关者邀请各方专家学者，联合开展政策实施过程模拟情景，从模拟过程检验政策目标与实施效果的一致性。

（三）利用财政撬动金融，服务新型主体发展

把利用财政撬动金融服务作为农业公共政策支持新型农业经营主体发展的最主要方式。一是明确利用财政撬动金融服务的重点：在支持对象方面，以家庭农场、农民合作社等新型农业经营主体为重点；在产业发展方面，以高效种养业，农产品仓储、加工、流通等，以及其他新兴业态为重点。二是创新金融支持产品，开发新型主体信用贷款、设施设备抵押贷款等多种信贷产品，收益保险、农机保险、天气保险等多种保险产品，探索建立新型农业保险联动机制。三是给新型主体贷款利息补贴、农业保险保费补贴等。

三、夯实农田基础设施建设，完善平台建设与功能发挥

（一）着力强化高标准农田建设投入

农业基础设施和高标准农田建设滞后，这是基层反映最强烈、问题最突出、要求最迫切的农业"短板"问题，也是政府农业公共管理必须强化的重要职能。

1. 把提升农业基础设施和高标准农田建设水平作为农业公共政策投资的"重中之重"

一是组织开展大规模基层调查，摸清"欠账"底数，在此基础上统筹制定"农业基础设施和高标准农田建设规划"，明确指导思想、基本原则、重点任务及实施路径。二是在不断增加财政和专项投资预算的基础上，统筹协调和统一管理当前各涉农部门有关土地整治、土地治理及高标准农田建设的

项目和资金，研究制定统一的建设标准、管理办法、验收程序。三是指导地方县（市）或地级市做好"高标准农田建设"的具体规划和实施方案，有计划、有步骤按区域统筹安排、连片实施建设项目。四是充分发挥县、乡基层政府在农业基础设施和高标准农田建设中的主体作用，切实发挥村级组织参与"建设方案、实施路径"讨论，以及组织、管理、协调、监督等方面的作用。

2. 探索财政资金撬动金融及社会资本投资农业基础设施和高标准农田建设的有效途径

中央政府应拿出一定比例的财政资金，采取与地方财政配套支持、补贴利息撬动金融支持、给予直接补贴争取新型主体支持等方式，加速农业基础设施和高标准农田建设。但要建立健全合作投资建设机制：一是在科学规划基础上，坚持"区域连片推进"原则，不宜针对个别市场主体开展；二是在分清各方责任和出资比例的基础上，统一筹集和管理建设资金，不宜采取"先建后补、以奖代补"的方式进行；三是在统筹建设程序、明确质量标准的基础上，采取公开招标建设的方式，委托第三方具体负责工程建设实施，不宜由利益攸关方直接组织实施；四是政府要建立专门监理组织，加强建前、建中、建后工程监管，严格按照建设标准验收。

3. 建立健全农业基础设施和高标准农田管护机制

探索建立高标准农田管护机制，一是以县为单位，科学制定管护总体方案并根据管护对象和内容，分别制定农田道路、水利、电力管护和高标准农田利用方案，分别确定管护队伍、管护主体、管护内容、管护责任。二是按照分级管理、多元投入原则，区分不同管护项目和内容，建立以公共财政投入为主、产权人和受益人投入为辅的长期稳定的管护投入机制。三是区别不同管护项目和内容，探索建立专人直管、中心监管、协会主管、联合共管等多种管护方式。

4. 强化水源基础设施条件的建设

对于对地下水资源相对丰富、水位较浅的地区，政府应整合使用各类农村小水利建设项目资金，科学勘测、系统评估、合理规划建设一批灌溉用井。对于地下水资源匮乏、水位较深的地区，政府应加大财政投入，一方面要加强农村中小型水库等水源设施建设；另一方面要充分利用农村既有的沟、河、渠、塘、池等条件，加强集雨、汇水、储备设施的建设，将更多的"天降"雨水资源集得下、储得住、用得好，减轻地下水开采和利用压力。

（二）建立健全平台建设与功能发挥

1. 健全平台功能、提升交易效率

以确权登记颁证数据库为基础，建立从农业农村部到省、市、县、乡五级联动的互联互通农村土地确权登记颁证管理信息系统。首先鼓励建立成熟的农村土地流转交易信息发布平台。农村产权流转交易机构积极与各类资产资源交易网站建立合作关系，发布土地流转交易信息，借助原有用户流量，增加土地流转买方和卖方的交易积极性。其次鼓励各地引入专门从事土地经营权交易工作的第三方中介组织，为交易双方提供便捷式的服务，逐步培养农民和经营主体入场交易的习惯和氛围。最后鼓励各地农村产权交易机构开发简单快捷的线上交易小程序，实现农户和经营主体在异地空间内的信息审核与发布。

2. 构建科学合理的流转定价机制

积极引入第三方评估机构对流转交易价格进行评估，为合理确定土地流转价格提供参考依据。加强土地流转价格动态监测，建立省级统一的流转价格监测体系，及时掌握并发布土地流转价格的相关信息，切实保障流转双方利益。

四、加强流转用途和主体监管，遏制"非粮化""非农化"用途

（一）加强流转用途和主体监管

1. 加强对土地流转用途和主体监管

鼓励各地引入对风险评估的第三方机构，对工商资本租赁农地企业进行资格审查，并提出评估意见，由乡（镇）或县政府决定是否实施，切实提高前置审查水平，有效防范土地流转风险。引导土地流转的用途方向优先发展粮食生产，规范社会资本农地流转行为，优先支持工商资本流转土地用于粮食种植，对违反此规定的应及时纠正并终止相关扶持政策。鼓励和引导工商资本从事农户干不了、干不好的粮食产业链环节，与农户形成利益共同体。对村集体统一流转农户土地再转包给经营主体的，要求经营主体必须全额缴清租金或缴纳风险保证金才可以使用土地；除整村流转外，严禁村委会利用集体资金为土地流入方偿还流转费用。

2. 强化流转矛盾纠纷调处风险化解

加强土地流转矛盾纠纷调处，重点发挥乡村两级力量，擦亮"前沿探头"，及时发现苗头性、倾向性、潜在性问题，并制订有效的预防和应对措施，妥善化解矛盾纠纷，最大程度保护农民权益，维护农村社会稳定。

3. 加快制订流转合同统一示范文本

随着"三权分置"政策有序实施，一些省份土地经营权流转示范合同文本已不能满足现实需要，建议加快出台全国统一的土地经营权流转合同示范文本，同时制订统一的转让、互换合同示范文本。

（二）夯实政府"安全保障"责任

保障"口粮绝对安全""产品质量安全""生态环境安全"，是事关全局的重大公共利益问题，影响重大。

1. 强化政府"口粮绝对安全"保障责任

一是强化保障"口粮绝对安全"战略。在切实保护耕地资源，推进"藏粮于地""藏粮于技"基础上，明确对保障"口粮绝对安全"作出战略安排和政治动员，对各级政府明确责任，推进转方式、调结构，意义重大。二是在划定永久性基本农田保护区基础上，一方面大力支持"口粮生产功能区建设"，确保水稻、小麦生产供给；另一方面充分考虑口粮消费的个性化、多样性、可替代特征，按照市场化、高效化要求，积极发展小杂粮、马铃薯、红薯等口粮替代品生产。三是大力扶持适度规模稻、麦种植家庭农场集中布局、连片发展，优先开展基础设施和高标准农田建设，重点给予政策支持尤其是财政资金支持，以提高亩产贡献率，相对降低面积贡献率，促进种植业结构调整。

2. 强化政府"产品质量安全"监管责任

一是加强监管体系建设。各级政府要"不惜"财政投入，按照区域、产品、环节和产前、产中、产后监管全覆盖原则，构建监管体系，尤其是县、乡监管组织，增加编制、扩充人员、健全网络、强化手段，提升执法水平和检验检测能力。二是强化监管责任。修改农产品质量安全监管有关法律法规，完善监管政策，增强监管权力，强化监管责任，对监管不严格、发现不及时、追查不彻底、处罚不给力等执法不到位的组织和人员，要依法依纪依规追究责任、严肃处理。三是加大处罚力度。对制假售假、违规使用投入品、非法添加使用禁用物质等行为，对造成农产品质量安全事件的组织和个人，要用法律、行政、经济等手段，以不惜使其破产的决心，彻底追查、严格处罚、公开曝光。四是建立举报奖励制度。建立健全农产品质量安全社会监督、举报制度和网络，设立和公开举报电话、网站，对质量安全事件发现、查处有功的社会人员，要保守秘密并给予重奖。

3. 强化政府"生态环境安全"保障责任

一是落实最严格耕地和水资源保护制度，结合高标准农田建设，加大财政资金投入，实施"耕地和水资源质量提升行动"，大力推广提质、节水、降本、增效技术模式。二是建立健全并实施最严格的林地、湿地保护制度，深入开展植树造林行动，实施生态林保护，建设湿地自然保护区；继续实施退耕还林还牧还草，加强荒漠化、石漠化和风沙源治理，保护和修复草原生态。三是加快实施"化肥农药使用零增长行动计划"，大力推广先进施肥、用药模式和测土配方施肥；积极引导农民和新型主体施用高效缓释肥、水溶肥、生物肥、有机肥和生物农药、高效低毒低残农药。四是着力加强农业废弃物无害化处理资源化利用。加大财政投入，深入开展农业废弃物处理技术创新，推广第三方开展畜禽粪污综合治理、利用模式，农作物秸秆原料、饲料、能源转化模式，病死畜禽无害化处理模式等，扶持发展废弃物利用新业态。

五、建立健全农村土地流转的政府有效监管与服务机制

引导土地经营权流转，是实现农地规模经营、提高经营效率的基本途径，是农地流转基层政府行为选择的初衷和政策目标所在。然而，围绕当前农地流转基层政府行为存在的市场不健全、"大规模农地经营偏好"等行政主导问题，针对实践中出现的流转支持政策"俱乐部化"现象和农业服务组织"去专业化"倾向，政府必须建设好土地经营权流转市场，把握好农地经营规模的标准，使用好相关的引导政策。

（一）构建规范有序、健康稳定的流转机制，建立健全土地经营权流转市场

处理好市场作用与基层政府作用的关系，是土地经营权流转市场建设的关键。

1. 明确划分市场与政府在农地流转中的作用边界

明确规定，承包户是否流转，流转的对象选择、期限长短、价格高低

等，都要由流转双方在完全自愿的基础上直接自主协商决定、签订合同约定。基层政府的作用就是弥补市场失灵，如完善管理办法、交易规则和规范流转程序，做好土地流转纠纷调处与仲裁工作等；充分发挥土地流转服务组织的作用，做好土地经营权流转鉴证、备案工作等。

2. 制订基层政府和基层干部服务农地流转的行为规范

为克服土地经营权流转中分散农户难对接、转出行为难统一、流转地块难成片等难题，有必要有效发挥基层政府干部"情况熟、信息通、人脉广、威望高"的优势。但要明确规定，基层（如乡镇、行政村、村民小组）干部只能做组织、沟通、协调等服务工作，可以收集发布土地流转供求信息，不能强行推动；基层（如行政村、村民小组）干部可以鉴证流转、但不能代替农户签订流转合同，土地经营权流转合同要由流转双方直接签订。

3. 加强基层政府引导支持，促进农地流转多方式高效率

按照流转起点公平优先、兼顾效率的要求，制定一些能够鼓励承包户开展地块互换、连片置换流转和延长流转期限的一次性奖励政策；加强服务，积极引导，鼓励农户采取入股、托管等多种方式流转土地经营权。

（二）改善条件、扩充权能，推动形成农地适度规模的家庭农场区域化布局

发展农地适度规模家庭农场，是提升劳动生产率、土地产出率、资源利用率均衡增长的根本途径。对耕地的使用，不仅要进行用途管制，也要进行规模限制；家庭农场的农地经营规模既要有下限标准，更要有上限控制。

1. 加强耕地资源保护，改善农地基础条件

在全面开展永久性基本农田、启动开展永久性基本粮田划定工作基础上，连片推进承包地整治和中低产田改造，加强农田道路、水电工程、排灌设施等基础建设，为大规模连片规划发展农地适度规模家庭农场创造有利条件。

2. 赋予土地经营权担保（抵押）融资权能

赋予具有用益物权性质的农地承包经营权担保（抵押）权能，允许承包户或者经营主体开展担保（抵押）融资。在明确分置后的"经营权"属于债权前提下，探索债权"物权化"管理模式，在流转期限内，经农地转出方授权，转入方可以将其在流转期限内取得的土地经营权到土地流转服务中心登记备案、取得"他项权证明"，以便开展担保（抵押）融资。

3. 区域化布局经营适度规模农户家庭农场

以家庭为单位，分区域分产业提出农地适度规模经营标准面积，引导经营适度规模农户家庭农场成长发育。第二、第三产业发达、劳动力非农就业水平高、承包地流转比例大或土地资源较为丰富的基层政府，可以在连片推进土地整治、加强基础设施建设的基础上，集中规划适度规模地块，连片发展农地适度规模的家庭农场；人多地少、土地流转比例较低的基层政府，可以在引导开展地块互换、连片置换流转的基础上，探索农地适度规模家庭农场连片布局发展路子。

（三）优化引导政策，完善考评办法，最大限度地实现农地经营的公共目标

基层政府引导农地流转和规模经营，开展业绩考评，主要是为实现保障粮食安全和重要农产品有效供给、保护农业资源与生态环境、促进农民和农业增收等农地经营的公共目标；要坚决杜绝支持政策偏离农地经营公共目标的情况发生。

1. 明确政策支持的重点对象

土地流入方借助基层政府主导农地流转进而发展超大规模农地经营应受严格限制，更不能给予财政项目和资金支持，防止出现财政支持政策"去公共化"现象。与农地流转与规模经营有关的扶持政策，支持对象集中于从事农业适度规模经营的专业大户、家庭农场等新型农业经营主体，尤其要把开展大宗农作物适度规模经营的主体作为重点支持对象。

2. 优化政策支持方式和环节

要避免对土地流转行为的支持政策变相转化为收益（属于地块互换、连片置换流转和土地承包经营权退出的一次性奖励、补偿除外），防止发生"补贴或奖励转化为地租"或者"提升土地租金"甚至诱导"承包户寻租"等现象。政策支持的重点环节的目标在于加强土地治理和改善基础设施条件，降低生产经营成本、提高经营防范风险，给予信贷利息补贴和农业保险保费补贴等。

3. 完善业绩考核与评价办法

区（县）一级政府要谨防通过下指标、定任务、搞考评、与支持奖励政策项目挂钩等办法，把土地流转和规模经营的速度、数量、比例，以及新型农业经营主体培育的数量等，纳入基层干部政绩指标。基层干部业绩

考评内容，应主要集中在：土地流转与规模经营的制度规则、程序办法完善程度，开展土地经营权流转备案与鉴证比例、纠纷调处与仲裁水平等方面；同时，要把基层干部参与土地流转引发的农民意见、纠纷等内容，纳入考评项目。

六、提升人力资本和创新组织模式，培育规范有序市场

（一）进一步提升乡村产业人力资本水平

农业人力资本水平在很大程度上决定着现代农业建设的速度和农业的可持续发展。

1. 推进专业农户和高素质农民一体化培养

（1）高度重视专业农户培育　专业农户是指拥有种养能手，并以农业生产、经营或服务作为主要职业、农业收入作为主要生活来源的农户，具有专一性、稳定性、持续性，是农业现代化的支撑力量，培育专业农户是提升农业人力资本水平的基础工程。

（2）依托专业农户培育高素质农民　制订"种养能手免费培训计划"，按地区、分专业、分批次地组织开展种养能手轮训，将其培养成懂技术、会经营的高素质农民。

（3）创新"高素质农民培育工程"组织方式　按照就地就近、按需服务原则，分产业、分工种、分群体组织培训，开展"经验介绍、专家点评"，组织"网上解惑、电视问答"；探索"上门式""现场式""互动式""启发式"教学方式。

2. 提升新型农业经营主体带头人的总体素质

（1）重点加强新型主体带头人培训　加快实施"新型农业经营主体带头人轮训计划"，采取区域培训与跨区培训相结合、集中讲授与现场教学相结合等培训方式，着力提升培训效果。

（2）加强新型主体公共服务　重点围绕农田水电路、农产品产地批发市场、仓储与物流等基础设施，加大财政资金投入支持；围绕农产品供求信息、新技术、新品种、新模式等，加大政府公共服务，提升服务水平。

（3）矫正新型主体行为　取消直接针对新型主体、产业发展的各类利益"诱导性"直接补贴，利用财政撬动金融服务，为新型主体提供贷款担保、利息补贴、保费补贴支持，提高新型主体市场意识、风险意识和竞争

能力。

3. 加强组织化建设，提升农民联合合作能力

（1）在合作社规范化发展基础上，按照专业相近、区域相连、利益相关原则，鼓励发展合作社联合社，建立健全联合合作机制，增强服务功能。

（2）提升新型主体对农户的带动能力，强化合作社、龙头企业建基地、带农户、联生产、促加工的功能，健全联农带农促农激励机制，带动农户发展适度规模家庭经营，促进传统农民向高素质农民转变。

（3）培植造就一大批主体多元化、功能社会化、业务专业化的农业服务组织，以规模化、专业化的"大服务"，带动农户开展专业化生产、集约化经营，推动农户融入社会化大生产格局。

（二）创新组织模式，培育规范有序市场

1. 培育形式多样的组织模式与利益联结机制

加大对农业社会化服务组织的财政资金扶持力度，加快培育各类服务组织，支持鼓励服务组织结合各地实际，创建开展多种形式的服务模式，探索组建农业社会化服务组织联盟，"抱团"抵御相关风险。注重发挥农村集体经济组织作用，探索推行新模式，即将农村集体经济组织作为"中间人"，使小农户与现代农业有效衔接。

2. 加大对农业生产托管服务的政策支持力度

增加财政、金融、保险、用地等政策农业托管服务的支持强度。扩大农业社会化服务组织支持补贴范围，为其参与公益性服务提供更多选择。创新适合托管服务组织的金融产品，着力解决融资难题。对托管服务组织实行税费优惠，减免收入营业税和所得税，努力为其发展创造良好政策环境。

3. 强化行业管理，培育规范有序的服务市场

加快推进服务合同、服务质量、服务价格等行业标准体系建设，进一步规范服务行为，提高服务质量，保障农户利益。出台服务标准、服务流程、服务价格指导、服务质量监测和服务合同监管建设等行业管理的具体指导性意见，规范服务行为。巩固农业社会化服务平台试点成果，拓展平台功能。培育规范的服务市场。

七、创新保险产品，强化金融支持，建立农村信用体系

（一）创新流转履约保证保险和主体专项保险

一方面，建议财政、保险部门尽快建立土地流转商业性保险机制，开发土地流转履约保证保险产品，进一步增强农业规模经营稳定性；通过财政部门出资引导、流转双方各承担部分保费的方式，引入商业保险机构创新开发土地流转保险产品，有效防范土地流转中因失约带来的经济和社会风险。另一方面，鼓励和支持保险公司根据各地实际，设立适合于该地区土地流转的保险产品，提高保险的赔付能力，进而有效降低经营主体面临的风险。

（二）综合多种政策加大对主体补贴信贷支持

综合运用税收、奖补政策，加大对种粮家庭农场、农民合作社直接补贴力度，加强农业用水、用电、用油价格补贴和用地政策支持。鼓励金融机构创新信贷担保方式，支持利用农村土地经营权、宅基地财产权、农业农机设备抵押融资贷款，增强新型经营主体贷款能力。

（三）建立农村社会信用体系和政策惩罚机制

建立并完善农村社会信用体系，构建覆盖土地流转全过程的信用监管体系。出台政策规定，规范各种不良土地流转行为，建立信用"红黑"名单，出现不良土地流转行为列入失信榜单，在财政奖补、金融支持等方面给予惩戒，对于信用度高的流转主体，地方政府也可给予其信贷倾斜等优惠政策。

八、坚决遏制耕地使用"非农化"、防止流转"非粮化"

防止农地流转"非粮化"倾向需要尊重市场机制，在完善农业支持保护制度、切实提高农民种粮收益的基础上，重点加强农地流转监管服务，强化政策支持引导。

（一）发挥好土地流转政府监管服务职能

落实新修正的《中华人民共和国土地管理法》（简称《土地管理法》）《农村土地承包法》《农村土地经营权流转管理办法》，各地出台合适的实施

细则，以县域为范围建立健全社会资本流转土地经营权的审核及风险防范体系，将是否符合当地粮食生产等规划作为项目审核的重要内容，同时加强服务，引导其发展粮食适度规模经营，从源头上防止违法违规耕地"非粮化"。加强流转土地事中、事后监管，定期对流转土地用途进行监督检查。加强土地经营权流转指导和服务，将防止"非粮化"纳入流转示范合同内容，强化约束监管。

（二）加强对适度规模种粮主体政策支持

加大对种粮经营主体的支持力度，特别是在基础设施建设、农业技术装备、社会化服务、金融保险等方面加大投入，降低种粮成本，提高种粮农民收入及种粮积极性。支持新型农业经营主体开展粮食适度规模经营，大力推进农业生产社会化服务，提高种粮规模效益。完善小麦、稻谷最低收购价政策，继续实施玉米、大豆生产者补贴，新增补贴向流转土地规模种粮倾斜。

（三）推动完善土地管理相关的法律法规

结合新修正的《土地管理法》《中华人民共和国土地管理法实施条例》和国务院《基本农田保护条例》，明确在永久基本农田上违法从事其他用途的处罚规定。不断完善《中华人民共和国粮食安全保障法》，对各地各部门加强耕地保护、遏制耕地"非粮化"，保障粮食产能作出明确的法律规定。

九、加强法规宣贯，提升就业能力，创新利益联结机制

（一）加大法规宣传，调动耕地保护和流转入主体积极性

1. 加强普法宣传，保护耕地和引导流转用途

加大对我国《农村土地承包法》《土地管理法》《基本农田保护条例》《农村土地经营权流转管理办法》等法律法规的宣传，普及依法、自愿、有偿原则，加强农机具购机补贴等支农惠农政策的宣贯，提高农民保护耕地、爱惜耕地自觉性，增强农民遏制耕地"非农化"、防止农田"非粮化"意识，进一步调动农户参与流转的积极性，最大限度减少土地抛荒，加快发展现代农业。

2. 加大对产权交易平台功能的宣传

充分发挥报刊、网络等媒体作用，让农民群众、基层干部了解土地流转的相关法律、政策等内容，进而推动农村土地高效有序地流转。

（二）加大对流转出土地农户的转移就业培训和能力提升

整合农业、劳动、教育、人社等部门培训资源和项目，抓好农村劳动力转移就业培训工作，提升农户转移就业能力，促进农村土地流转。

（三）创新土地流转方式，建立与农户紧密利益联结机制

因地制宜推广股份合作流转、土地入股保底分红流转等模式，推广多种利益联结机制，支持龙头企业采取订单收购、保底分红、股份合作等形式，完善带农惠农机制，打造农民增收新增长点，与农业生产托管服务相互配合，推动农业生产经营集约化、专业化、社会化，助力乡村产业振兴。

十、强化农村经营管理体系建设，加强流转的调研指导

（一）加大农村经营管理体系建设

县、乡两级农村经营管理机构是服务土地流转的一线主力，也是防范化解流转风险的直接力量。建议自上而下理顺农村经营管理机构体系，进一步明确机构定位与职责，落实人员编制、工作经费、办公场所，明确工作职责，确保土地流转工作在基层特别是在乡（镇）有机构负责，有人干事，作用有效发挥。

（二）加强农地流转管理服务调研

通过加强调研指导，帮助基层发现和解决土地流转方面的问题，总结推广先进地区成功经验，指导地方因地制宜引导土地经营权有序流转，发展农业适度规模经营。

参 考 文 献

卜范达，韩喜平，2003. "农户经营"内涵的探析 [J]. 当代经济研究，(9)：37 - 41.

蔡瑞林，陈万朋，朱雪春，2015. 成本收益：耕地流转非粮化的内因与破解关键 [J].
　农村经济，(7)：44 - 49.

曹慧，张玉梅，孙昊，2017. 粮食最低收购价政策改革思路与影响分析 [J]. 中国农村
　经济，(11)：33 - 46.

常伟，2014. 强关系的价值：基于安徽农地流转的实证研究 [J]. 统计与信息论坛，
　(11)：98 - 103.

陈飞，翟伟娟，2015. 农户行为视角下农地流转诱因及其福利效应研究 [J]. 经济研究，
　(10)：163 - 177.

陈华山，1996. 当代美国农业经济研究 [M]. 武汉：武汉大学出版社.

陈健，1988. 农业规模经济质疑 [J]. 农业经济问题，(3)：3 - 8.

陈洁，刘锐，张建伦，2009. 安徽省种粮大户调查报告：基于怀宁县、枞阳县的调查
　[J]. 中国农村观察，(4)：2 - 12.

陈锡文，1992. 关于家庭经营与集体经济的几个理论问题 [J]. 中国党政干部论坛，
　(3)：6.

陈锡文，韩俊，2002. 如何推进农民土地使用权合理流转 [J]. 中国改革（农村版），
　(3)：37 - 39.

陈言新，彭展，1989. 从兼业经营到专业化：中国农民经营形式的转换——兼与韩俊同
　志商榷 [J]. 经济研究，(12)：50 - 53.

陈莹，张安录，2007. 农地转用过程中农民的认知与福利变化分析——基于武汉市城乡
　结合部农户与村级问卷调查 [J]. 中国农村观察，(5)：11 - 21.

程国栋，2005. 我国农民的财产性收入问题研究 [D]. 福州：福建师范大学.

道欧 L，鲍雅朴 J，2003. 荷兰农业的勃兴——农业发展的背景和前景 [M]. 北京：中
　国农业科学技术出版社.

杜朝晖，2006. 法国农业现代化的经验与启示 [J]. 宏观经济管理，(5)：71 - 74.

杜志雄，肖卫东，2014. 家庭农场发展的实际状态与政策支持：观照国际经验 [J]. 改
　革，(6)：39 - 51.

段进朋，杨泱，2007. 我国农地制度与地方政府行为关系分析 [J]. 当代经济研究，(9)：58 - 61.

范爱军，2003. 中国农业现代化的关键一步：提高农业耕作规模 [J]. 山东大学学报（哲学社会科学版），(3)：148 - 151.

范怀超，2010. 国外土地流转趋势及对我国的启示 [J]. 经济地理，(3)：484 - 488.

费德里科，2011. 养活世界——农业经济史 1800—2000 [M]. 北京：中国农业大学出版社.

冯海发，1988. 亦论兼业化农业的历史命运——与陆一香同志商榷 [J]. 中国农村经济，(11)：61 - 65.

傅晨，2001. 聚集：中国农村改革热点和重大问题研究 [M]. 太原：山西经济出版社.

高海，2014. 农地入股合作社的组织属性与立法模式——从土地股份合作社的名实不符谈起 [J]. 南京农业大学学报（社会科学版），(1)：83 - 92.

高进云，乔荣峰，张安录，2007. 农地城市流转前后农户福利变化的模糊评价—基于森的可行能力理论 [J]. 管理世界，(6)：45 - 55.

耿宁，尚旭东，2017. 基层政府主导竞标模式真的有助于农地有序流转？——J 省 J 区观察 [J]. 农村经济，(8)：20 - 26.

耿宁，尚旭东，2018. 产权细分、功能让渡与农村土地资本化创新——基于土地"三权分置"视角 [J]. 东岳论丛，(4)：158 - 166.

郭晓鸣，董欢，2014. 西南地区粮食经营的现代化之路：基于崇州经验的现实观察 [J]. 中国农村经济，(7)：39 - 47.

郭晓鸣，韩立达，王静，2010. 农地承包经营权流转中的政府行为：基于成都市的分析视角 [J]. 农村经济，(12)：5 - 8.

韩俊，1988. 我国农户兼业化问题探析 [J]. 经济研究，(4)：38 - 42.

韩全会，张军华，2012. 俄罗斯土地改革与法制建设 [J]. 经济问题探索，(9)：185 - 190.

贺军伟，王忠海，张锦林，2013. 关于工商资本进农业的思考和建议 [J]. 中国发展观察，(7)：47 - 50.

贺雪峰，2011. 论农地经营的规模——以安徽繁昌调研为基础的讨论 [J]. 南京农业大学学报（社会科学版），(11)：6 - 14.

洪远朋，1996. 合作经济的理论与实践 [M]. 上海：复旦大学出版社.

胡初枝，黄贤金，2007. 农户土地经营规模对农业生产绩效的影响分析——基于江苏省铜山县的分析 [J]. 农业技术经济，(6)：81 - 84.

胡学奎，潘修中，2021. 技术创新政策工具选择与运用：两个评判维度 [J]. 科学管理研究，39 (3)：17 - 21.

黄季焜，郜亮亮，冀县卿，等，2012. 中国的农地制度、农地流转和农地投资 [M]. 上海：格致出版社.

黄少安，孙圣民，2005. 再论中国土地产权制度对农业经济增长的影响——对 1950—1962 年中国大陆农业生产效率的实证分析 [C] //财政政策、货币政策与经济增长国际学术研讨会，厦门.

黄贤金，2010. 城市化进程中土地流转对城乡发展的影响 [J]. 现代城市研究，25（4）：15-18.

黄祥芳，陈建成，陈训波，2014. 地方政府土地流转补贴政策分析及完善措施 [J]. 西北农林科技大学学报（社会科学版），(2)：1-6.

黄延信，张海阳，李伟毅，等，2011. 农村土地流转状况调查与思考 [J]. 农业经济问题，32（5）：4-9.

黄忠怀，邱佳敏，2016. 政府干预土地集中流转：条件、策略与风险 [J]. 中国农村观察，(2)：34-44.

黄祖辉，2014. 必须坚持农业家庭经营 [J]. 中国合作经济，(4)：1.

黄祖辉，陈欣欣，1998. 农户粮田规模经营效率：实证分析与若干结论 [J]. 农业经济问题，(11)：3-8.

江亚洲，郁建兴，2020. 重大公共卫生危机治理中的政策工具组合运用——基于中央层面新冠疫情防控政策的文本分析 [J]. 公共管理学报，17（4）：1-9.

蒋省三，刘守英，李青，2007. 土地制度改革与国民经济成长 [J]. 管理世界，(9)：1-9.

焦必方，1999. 战后日本农村经济发展研究 [M]. 上海：上海财经大学出版社.

金高峰，2007. 大户经营：现代农业规模经营的有效模式 [J]. 农村经济，(7)：89-91.

金和辉，李关星，1989. 关于土地生产率与土地经营规模的实证分析 [J]. 农村经济文稿，(2).

柯炳生，2015. 中国农业发展与粮食安全 [J]. 农产品市场周刊，(29)：27.

孔祥智，张琛，2016. 十八大以来的农村土地制度改革 [J]. 中国延安干部学院学报，9（2）：116-122.

匡兵，卢新海，陈丹玲，2018. 基于内容分析法的中国耕地轮作休耕政策工具选择研究 [J]. 中国土地科学，32（11）：31-36.

匡远配，刘洋，2018. 农地流转过程中的"非农化"、"非粮化"辨析 [J]. 农村经济，(4)：1-6.

匡远配，彭云，2021. 农地确权真的能推动农业适度规模经营吗？——基于制度效力的视角 [J]. 科学决策，(8)：24-37.

乐建辉，2005. 区域农村土地流转中政府作用的系统反馈分析 [J]. 甘肃社会科学，(6)：242-245.

李厚廷，2015. 我国农业规模经营的实现路径 [J]. 现代经济探讨，(9)：57-62.

李乾，2017. 土地流转补贴的对象选择与效率差异分析——一个经济学分析框架 [J].

农村经济，（3）：93-98.

李庆海，李锐，王兆华，2012. 农户土地租赁行为及其福利效果［J］. 经济学，11（1）：42-51.

李先德，宗义湘，2012. 农业补贴政策的国际比较（上）［M］. 北京：中国农业科学技术出版社.

李燕琼，2007. 我国传统农业现代化的困境与路径突破［J］. 经济学家，（5）：61-66.

李中，2013. 农村土地流转与农民收入：基于湖南邵阳市跟踪调研数据的研究［J］. 经济地理，33（5）：144-149.

厉以宁，2008. 论城乡二元体制改革［J］. 北京大学学报（哲学社会科学版），（2）：5-11.

梁振华，干燕明，1988. 关于农业经营规模问题的观点综述［J］. 农业经济问题，（3）：15-18.

林善浪，2000. 农村土地规模经营的效率评价［J］. 当代经济研究，（2）：37-43.

林耀奔，叶艳妹，2009. 基于政策工具视角的中国耕地占补平衡制度分析［J］. 农村经济，（5）：45-50.

林毅夫，2014. 制度、技术与中国农业发展［M］. 上海：格致出版社.

刘凤芹，2006. 农业土地规模经营的条件与效果研究：以东北农村为例［J］. 管理世界，（9）：71-79.

刘航，张莉琴，2020. 农地流转会导致农地利用"非粮化"吗？——基于地块层面的实证分析［J］. 农村经济，（11）：45-53.

刘鸿渊，2010. 农地集体流转的农民收入增长效应研究：以政府主导下的农地流转模式为例［J］. 农村经济，（7）：57-61.

刘梦琪，2022. 现行农村土地制度下地方政府和农民的互动逻辑与政策选择［J］. 山东财经大学学报，34（1）：28-37，96.

刘琴，2014. 土地流转制度下粮食主产区粮食生产问题研究［J］. 生态经济，30（4）：75-77.

刘润秋，余超，2020. 基于二维分析框架的农村宅基地退出政策工具优化研究［J］. 农村经济，（9）：34-41.

楼江，祝华军，2011. 中部粮食产区农户承包地经营与流转状况研究：以湖北省D市为例［J］. 农业经济问题，32（3）：15-20.

陆一香，1988. 论兼业化农业的历史命运［J］. 中国农村经济，（2）：36-40.

吕晓，薛萍，牛善栋，等，2021. 县域宅基地退出的政策工具与实践比较［J］. 资源科学，43（7）：1307-1321.

罗必良，1991. 论生态经济系统的边界［J］. 农业现代化研究，（5）：29-32.

罗必良，2000. 农地经营规模的效率决定［J］. 中国农村观察，（5）：18-24.

罗必良，2011. 农地经营规模的效率决定 ［J］. 中国农村观察，(5)：18 - 24.

罗必良，2014. 农业经营制度的理论轨迹及其方向创新：川省个案 ［J］. 改革，(2)：96 - 112.

罗必良，2015. 农业共营制：新型农业经营体系的探索与启示 ［J］. 社会科学家，(5)：7 - 12.

罗必良，江雪萍，李尚蒲，等，2018. 农地流转会导致种植结构"非粮化"吗? ［J］. 江海学刊，(4)：94 - 101.

罗必良，李玉勤，2014. 农业经营制度：制度底线、性质辨识与创新空间——基于"农村家庭经营制度研讨会"的思考 ［J］. 农业经济问题，(1)：8 - 18.

罗必良，吴晨，2008. 交易效率：农地承包经营权流转的新视角——基于广东个案研究 ［J］. 农业技术经济，(2)：12 - 18.

马贤磊，仇童伟，钱忠好，2016. 农地流转中的政府作用：裁判员抑或运动员——基于苏、鄂、桂、黑四省（区）农户农地流转满意度的实证分析 ［J］. 经济学家，(11)：83 - 89.

马晓河，崔红志，2002. 建立土地流转制度，促进区域农业生产规模化经营 ［J］. 管理世界，(11)：63 - 77.

马歇尔，2007，经济学原理 ［M］. 刘生龙，译. 北京：中国社会科学出版社.

马志远，孟金卓，韩一宾，2011. 地方政府土地流转补贴政策反思 ［J］. 财政研究，(3)：10 - 14.

冒佩华，徐骥，2015. 农地制度、土地经营权流转与农民收入增长 ［J］. 管理世界，(5)：63 - 74.

倪国华，蔡昉，2015. 农户究竟需要多大的农地经营规模?：农地经营规模决策图谱研究 ［J］. 经济研究，50 (3)：159 - 171.

聂良鹏，宁堂原，陈传军，等，2013. 土地流转对粮食安全的影响与对策 ［J］. 山东农业大学学报（社会科学版），15 (2)：65 - 70.

牛若峰，2000. 中国农业发展新阶段的战略与策略 ［J］. 河北学刊，(5)：30 - 36.

牛若峰，夏英，2000. 我国农村非农乡镇企业与乡村社区的关系 ［J］. 北京市农业管理干部学院学报，(2)：8 - 10.

裴厦，谢高地，章予舒，2011. 农地流转中的农民意愿和政府角色——以重庆市江北区统筹城乡改革和发展试验区为例 ［J］. 中国人口·资源与环境，(6)：55 - 60.

普罗斯特曼，李平，汉斯达德，1996. 中国农业的规模经营：政策适当吗? ［J］. 中国农村观察，(6)：17 - 29.

钱忠好，2003. 农地承包经营权市场流转的困境与乡村干部行为——对乡村干部行为的分析 ［J］. 中国农村观察，(2)：10 - 13.

钱忠好，牟燕，2012. 中国土地市场化水平：测度及分析 ［J］. 管理世界，(7)：

67 - 75.

秦晖，1996. 改革与发展呼唤"农民学"[J]. 经济研究参考，(99 - 99)：19.

任大鹏，杨娅芬，2013. 农地家庭经营的价值和法律保护[J]. 农村经济，(5)：27 - 30.

任治君，1995. 中国农业规模经营的制约[J]. 经济研究，(6)：54 - 58.

上官彩霞，冯淑怡，陆华良，等，2016. 城乡建设用地增减挂钩政策实施对农民福利的影响研究——以江苏省"万顷良田建设"项目为例[J]. 农业经济问题，37 (11)：42 - 51.

尚旭东，2015. 行政推动农地流转的弊端及对策[J]. 山西农经，(1)：12.

尚旭东，2016. 政府主导农地流转能"增效保粮"吗？——基于地租乘数、成本变动和议价地位的一个分析[J]. 农村经济，(1)：32 - 38.

尚旭东，常倩，王士权，2016. 政府主导农地流转的价格机制及政策效应研究[J]. 中国人口·资源与环境，(8)：116 - 124.

尚旭东，韩洁，2016. 短期效应、生存压力与农业共营制的长效兼顾[J]. 改革，(8)：135 - 145.

尚旭东，宋国宇，2016. 行政推动农地流转：隐患、后果及对策[J]. 新疆农垦经济，(8)：30 - 34.

尚旭东，吴蓓蓓，2020. 农业产业化联合体组织优化问题研究[J]. 经济学家，(5)：119 - 128.

尚旭东，叶云，2014. 农村土地承包经营权流转信托：探索实践与待解问题[J]. 农村经济，(9)：68 - 72.

尚旭东，叶云，2020. 农业产业化联合体：组织创新、组织异化、主体行为扭曲与支持政策取向[J]. 农村经济，(3)：68 - 72.

尚旭东，张振，于海龙，2018. 农业共营制的组织创新、生存压力与政策目标长效兼顾研究[J]. 经济要参，(6)：9 - 12.

尚旭东，朱守银，2015. 家庭农场和专业农户大规模农地的"非家庭经营"：行为逻辑、经营成效与政策偏离[J]. 中国农村经济，(12)：4 - 13.

尚旭东，朱守银，2016. 好心办坏事的行政推动农地流转[J]. 农村工作通讯，(23)：17 - 18.

尚旭东，朱守银，2017. 粮食安全保障背景的适度规模经营突破与回归[J]. 改革，(2)：126 - 136.

尚旭东，朱守银，2017. 农地流转补贴政策效应分析——基于挤出效应、政府创租和目标偏离视角[J]. 中国农村观察，(6)：43 - 56.

尚旭东，朱守银，段晋苑，2019. 国家粮食安全保障的政策供给选择——基于水资源约束视角[J]. 经济问题，(12)：81 - 88.

沈曼，2014. 土地承包经营权流转对粮食安全影响的研究 [D]. 成都：西南财经大学.

舒尔茨，1987. 改造传统农业 [M]. 梁小民，译. 北京：商务印书馆.

宋戈，武晋伊，2016. 土地承包经营权流转"非粮化"原因剖析及政策调控 [J]. 学术
    交流，(7)：122-126.

宋圭武，1999. 对小农问题的若干思考 [J]. 农业经济问题，(12)：6-10.

宋圭武，2002. 农户行为研究若干问题述评 [J]. 农业技术经济，(4)：59-64.

宋辉，钟涨宝，2013. 农地流转地方政府行为选择机理及路径探究* ——基于成本收益
    视角 [J]. 管理现代化，(6)：43-45.

孙晓勇，2021. 涉农地案件的诉源分析——以司法大数据为基础的考察 [J]. 环球法律
    评论，(4)：38-53.

孙自铎，2001. 农业必须走适度规模经营之路——兼与罗必良同志商榷 [J]. 农业经济
    问题，(2)：32-35.

谭洪江，2002. 我国农业制度变革的根源与思路 [J]. 农业经济问题，(7)：20-24.

田宝玉，2004. 农村土地流转中政府的角色定位与农民利益的保护 [J]. 农业经济，
    (9)：15-17.

田先红，陈玲，2013. 地租怎样确定?：土地流转价格形成机制的社会学分析 [J]. 中国
    农村观察，(6)：2-12.

万广华，程恩江，1996. 规模经济、土地细碎化与我国的粮食生产 [J]. 中国农村观察，
    (3)：31-36.

汪洋，2014. 稳妥推进农村承包地经营权流转 [J]. 农村工作通讯，(10)：6-7.

王凤岩，2016. 政府购买公共服务的困境与突破——基于上海市实践的研究 [J]. 管理
    现代化，(2)：65-67.

王红婵，2012. 农地流转中的政府主导作用探析 [J]. 福建论坛（人文社会科学版），
    (5)：38-41.

王洪清，祁春节，2013. 家庭经营体制的历史变迁、规模效率及其下一步 [J]. 改革，
    (4)：91-97.

王茂林，2015. 崇州市土地股份合作社效率及影响因素研究——基于 11 个典型合作社的
    分析 [D]. 成都：四川农业大学.

王伟，马超，2013. 基于可行能力理论的失地农民福利水平研究—以江苏省宜兴市和太
    仓市为例 [J]. 农业技术经济，(6)：20-31.

王文龙，2017. 中国农业经营主体培育政策反思及其调整建议 [J]. 经济学家，
    (1)：55-61.

王小映，1999. 土地制度变迁与土地承包制 [J]. 中国土地科学，(4)：5-8.

王雪琪，曹铁毅，邹伟，2018. 地方政府干预农地流转对生产效率的影响——基于水稻
    种植户的分析 [J]. 中国人口·资源与环境，(9)：133-141.

王震，辛贤，2022. 为什么越来越多的农户选择跨村流转土地［J］. 农业技术经济，
　　（1）：19-33.

吴方玉，孟令杰，熊诗平，2000. 中国农业的增长与效率［M］. 上海：上海财经大学出
　　版社．

吴杰华，2009. 利益博弈与制度变迁：基于制度经济学角度的理论反思——以现阶段农
　　村土地流转为实例的分析［J］. 理论月刊，（7）：142-145.

吴越，2009. 台湾"农地银行"服务体系运作模式及作用［J］. 台湾农业探索，
　　（5）：41-43.

武舜臣，姜常宜，赵策，2022. 农地流转中"农户劣势"的理论辨析与政策启示［J］.
　　经济学家，（5）：87-96.

席景奇，2013. 农村土地流转的制约因素及路径选择：以渭南市为例［J］. 学术论坛，
　　36（2）：134-136.

夏永祥，2002. 农业效率与土地经营规模［J］. 农业经济问题，（7）：43-47.

向超，温涛，任秋雨，2021. "目标—工具"视角下宅基地"三权分置"研究——基于
　　政策文本的内容分析和定量分析［J］. 云南社会科学，（2）：136-144.

肖大伟，2010. 关于实施土地流转补贴政策的研究［J］. 中国土地科学，（12）：10-14.

熊红芳，邓小红，2004. 美国日本农地流转制度对我国的启示［J］. 农业经济，（11）：
　　61-62.

熊建勇，王新前，1989. 兼业化还是集中化——与冯海同志商榷［J］. 中国农村经济，
　　（6）：61-65.

徐更生，刘开铭，1986. 国外农村合作经济［M］. 北京：经济科学出版社．

徐明华，1998. 粮田规模经营：利弊尚待权衡［J］. 中国农村经济，（3）：5.

徐运平，2014. 宁夏试水土地经营权抵押贷款　唤醒沉睡土地资本［N］. 人民日报，
　　04-08（3）.

徐珍源，孔祥智，2010. 转出土地流转期限影响因素实证分析：基于转出农户收益与风
　　险视角［J］. 农业技术经济，（7）：30-40.

许经勇，2004. 论稳定土地承包制与启动土地承包经营权流转［J］. 财经研究，（1）：
　　47-50.

薛凤蕊，乔光华，苏日娜，2011. 土地流转对农民收益的效果评价：基于 DID 模型分析
　　［J］. 中国农村观察，（2）：36-42.

杨爱婷，宋德勇，2012. 中国社会福利水平的测度及对低福利增长的分析：基于功能与
　　能力的视角［J］. 数量经济技术经济研究，29（11）：3-17，148.

杨晨丹妮，洪名勇，2022. 土地流转中的农民土地权益实现研究——基于农民主体性的
　　实证分析［J］. 农业技术经济，（3）：21-37.

杨广亮，王军辉，2022. 新一轮农地确权、农地流转与规模经营——来自 CHFS 的证据

［J］．经济学（季刊），（1）：129 - 152.

杨华，王会，2015."政府兜底"：农村社会冲突管理中的政策工具选择［J］．国家行政
学院学报，（4）：43 - 47.

杨名远，阮文彪，何坪华，1999. 农业家庭经营制度：成本·效率·创新［J］．华中农
业大学学报（社会科学版），（1）：6 - 11.

杨素群，2002. 中国农业现代化重大关系研究［M］．北京：中国人民公安大学出版社.

杨玉敬，2013. 集体主导型农地流转模式的演化及现实分析［J］．农业经济，（3）：
6 - 9.

姚洋，2000. 中国农地制度：一个分析框架［J］．中国社会科学，（2）：54 - 65.

易小燕，陈印军，2010. 农户转入耕地及其"非粮化"种植行为与规模的影响因素分析：
基于浙江、河北、两省的农户调查数据［J］．中国农村观察，（4）：2 - 10.

游和远，吴次芳，鲍海君，2013. 农地流转、非农就业与农地转出户福利：来自黔浙鲁
农户的证据［J］．农业经济问题，34（3）：16 - 25.

于传岗，2011. 我国地方政府主导型土地流转模式、流转成本与治理绩效分析［J］．农
业经济，（7）：49 - 50.

于传岗，2012. 我国政府主导型农地大规模流转演化动力分析［J］．农村经济，（10）：
31 - 34.

于传岗，2013. 农村集体土地流转演化趋势分析——基于政府主导型流转模式的视角
［J］．西北农林科技大学学报（社会科学版），（5）：10 - 21.

曾雅婷，吕亚荣，蔡键，2018. 农地流转是农业生产"非粮化"的诱因吗？［J］．西北农
林科技大学学报（社会科学版），（3）：123 - 130.

翟黎明，夏显力，吴爱娣，2017. 政府不同介入场景下农地流转对农户生计资本的影
响——基于 PSM - DID 的计量分析［J］．中国农村经济，（2）：2 - 15.

占鹏，朱俊峰，2022. 农户土地流转经济福利效应的多维度分析——基于多重选择处理
效应模型［J］．中国农业大学学报（自然科学版），27（1）：248 - 258.

张红宇，2002. 中国农村的土地制度变迁［M］．北京：中国农业出版社.

张建，诸培新，王敏，2016. 政府干预农地流转：农户收入及资源配置效率［J］．中国
人口（资源与环境），（6）：75 - 83.

张进选，2003. 家庭经营制：农业生产制度长期的必然选择［J］．农业经济问题，（5）：
46 - 51.

张劲涛，2007. 用好财政政策催生土地流转市场［J］．中央财经大学学报，（11）：
18 - 22.

张美玲，2018. 水肥一体化滴灌技术在设施蔬菜中的应用研究［J］．农业与技术，38
（21）：113 - 114.

张藕香，2016. 农户分化视角下防止流转土地"非粮化"对策研究［J］．中州学刊，

（4）：49 - 54.

张藕香，姜长云，2016. 不同类型农户转入农地的"非粮化"差异化分析 [J]. 财贸研究，（4）：24 - 31.

张曙光，1992. 论制度均衡和制度变革 [J]. 经济研究，（6）：30 - 36.

张晓山，2006. 创新农业基本经营　制度发展现代农业 [J]. 农业经济问题，（8）：4 - 9.

张永峰，王坤沂，路瑶，2022. 土地零租金流转与农业生产效率损失 [J]. 经济经纬，（2）：35 - 45.

张宗毅，杜志雄，2015. 土地流转一定会导致"非粮化"吗？——基于全国 1740 个种植业家庭农场监测数据的实证分析 [J]. 经济学动态，（9）：63 - 69.

赵德起，吴云勇，2011. 政府视角下农地使用权流转的理论探索与政策选择 [J]. 农业经济问题，（7）：36 - 45.

赵璟，2018. 农地流转对农户农业生产长期投资的影响研究——基于政府主导型与农户自发型农地流转的比较 [D]. 太原：山西财经大学..

赵淑芹，唐守普，2011. 基于森的理论的土地流转前后福利变化的模糊评价 [J]. 统计与决策，（11）：51 - 54.

郑景骥，2001. 不可否定农业的家庭经营 [J]. 财经科学，（1）：87 - 89.

中国农业年鉴编辑委员会，2014. 中国农业年鉴 2013 [M]. 北京：中国农业出版社.

钟文晶，罗必良，2013. 禀赋效应、产权强度与农地流转抑制：基于广东省的实证分析 [J]. 农业经济问题，34（3）：6 - 16.

周晓唯，王辉，2009. 农地承包经营权流转利益博弈问题研究 [J]. 云南财经大学学报（社会科学版），24（5）：105 - 108.

朱信凯，2011. 农村家庭经营适合我国国情学者论学问，[N]. 人民日报，03 - 31（07）.

诸培新，张建，张志林，2015. 农地流转对农户收入影响研究——对政府主导与农户主导型农地流转的比较分析 [J]. 中国土地科学，29（11）：70 - 77.

AGATA D'A，2007. Endogenizing Sen's capabilities：An adaptive dynamic analysis [J]. Journal of Socio-Economics，36（2）：177 - 190.

ALCHIAN A，DEMSETZ H，1972. Production，Information Costs and Economic Organization [J]. The American Economic Review，65（2）：777 - 795.

ANAND P，HUNTER G，SMITH R，2005. Capabilities and Well-Being：Evidence Based on the Sen-Nussbaum Approach to Welfare [J]. Social Indicators Research，（74）：9 - 55.

BIAN Y J，1997. Bringing Strong Ties Back in：Indirect Ties，Network Bridges，and Job Searches in China [J]. American Sociological Review，62（3）：366 - 385.

CHEN J，DU X D，2014. Protection of Farmers' Interests in Rural Land Circulation of

China: Theoretical Frame and Realization Mechanism [J]. Cross-Cultural Communication, 10 (2): 15-24.

DE JANVRY A, SADOULET E, WIOFORD, W, 1998. The Changing Role of the State in Latin American Land Reforms [C]. Berkeley: CUDARE Working Papers.

DEININGER K, JIN S Q, 2005. The Potential of Land Rental Markets in the Process of Economic Development: Evidence from China [J]. Journal of Development Economics, 78 (1): 241-270.

DEMSETZ H, 1967. Toward a Theory of Property Rights [J]. The American Economic Review, 57 (2): 347-359.

FENG, S Y, HEERINK N, Ruben R, et al., 2010. Land Rental Market, Off-farm Employment and Agricultural Production in Southeast China: A Plot-level Case Study [J]. China Economic Review, 21 (4): 598-606.

GRANOVETTER M, 1985. Economic Action and Social Structure: The Problem of Embeddedness [J]. The American Journal of Sociology, 91 (3): 481.

HOWLETT M, RAMESH M, 1995. Studying Public Policy: Policy Cycles and Policy Subsystems [M]. *Toronto*: Oxford University Press.

KRISHNAKUMAR J, BALLON P, 2008. Estimating Basic Capabilities: A Structural Equation Model Applied to Bolivia [J]. World Development, 36 (6): 992-1010.

MA X L, HEERINK N, FENG S Y, et al., 2015. Farmland Tenure in China: Comparing Legal, Actual and Perceived Security [J]. Land Use Policy, 42: 293-306.

MACMILLAN D C., 2000. An economic case for land reform [J]. Land Use Policy, 17 (1): 49-57.

MCDONNELL L M, Elmore R F, 1987. Getting the job done: Alternative policy instruments [J]. Educational evaluation and policy analysis, 9 (2): 133-152.

ROTHWELL R, ZEGVELD W, 1984. An assessment of government innovation policies [J]. Review of Policy Research, 3 (3-4): 436-444.

SEN, 1983. Poor, Relatively Speaking [J]. Oxford Economic Papers, 35 (2): 153-169.

SEN, 1984. The Living Standard [J]. Oxford Economic Papers, 36: 74-90.

SEN, 2002. Why health equity? [J]. Health Economics, 11 (8): 659-666.

SICILIANO G, 2012. Urbanization Strategies, Rural Development and Land Use Changes in China: A Multiple-level Integrated Assessment [J]. Land Use Policy, 29 (1): 165-178.

WANG J R, CRAMER G L, WAILES E J, 1996. A Shadow-Price Frontier Measurement of Profit Efficiency in Chinese Agriculture [J]. American Journal of Agricultural Economics, 1996, 78 (1): 146-156.

附件一

农村土地（耕地）经营权流转等情况省级调查表

填表单位：_____省（自治区、直辖市）_____市_____县（市、区）

指标名称	代码	单位	数量（万亩）
一、基本情况			
1-1. 集体耕地总面积	1-1	亩	
1-2. 农户数	1-2	户	
2. 家庭承包的耕地面积	2	亩	
3-1. 家庭承包的农户数	3-1	户	
3-2. 土地承包经营权确权登记颁证户数	3-2	户	
3-3. 土地承包经营权确权登记颁证面积	3-3	亩	
二、经营权流转情况			
（一）经营权流转基本情况			
1. 家庭承包耕地经营权流转总面积	4	亩	
1-1. 出租（转包）面积	5	亩	
1-2. 入股面积	6	亩	
其中：入股合作社的面积	7	亩	
入股企业的面积	8	亩	
入股其他主体的面积（家庭农场等）	9	亩	
1-3. 其他方式流转（不包括代耕代种）面积	10	亩	
主要包括哪些方式	11	—	
2. 流转出承包耕地经营权的农户数	12	户	
其中，全部流转出承包耕地经营权的农户数	13	户	
3. 签订承包耕地经营权流转合同的数量	14	份	
4. 签订流转合同的耕地经营权流转面积	15	亩	

（续）

指标名称	代码	单位	数量（万亩）
5. 整村流转承包耕地的行政村数量	16	个	
整组流转承包耕地的村民小组数量（不含整村流转的行政村所辖组）	17	个	
6. 整村（组）流转承包耕地涉及农户数量	18	户	
整村（组）流转涉及承包耕地面积	19	亩	
（二）经营主体情况			
1. 流转入农户的承包耕地面积	20	亩	
2. 流转入家庭农场的承包耕地面积	21	亩	
3. 流转入农民合作社的承包耕地面积	22	亩	
4. 流转入企业的承包耕地面积	23	亩	
5. 流转入其他主体的承包耕地面积	24	亩	
（三）流转用途			
1. 流转用于种植粮食作物的承包耕地面积	25	亩	
其中：家庭农场流转种粮面积	26	亩	
农民合作社流转种粮面积	27	亩	
企业流转种粮面积	28	亩	
其他主体流转种粮面积	29	亩	
2. 流转用于种植经济作物的承包耕地面积	30	亩	
3. 其他用途的承包耕地面积	31	亩	
主要包括哪些用途	32	—	
（四）流转期限			
1. 流转期限 5 年以下的承包耕地面积（不含 5 年）	33	亩	
其中，流转期限 1 年及以下的面积	34	亩	
2. 流转期限 5—10 年的承包耕地面积（不含 10 年）	35	亩	
3. 流转期限 10 年以上的承包耕地面积	36	亩	
（五）承包耕地流转价格			
1. 总体平均流转价格（本县平均）	37	元/亩·年	
2. 流转入农户的平均流转价格	38	元/亩·年	
3. 流转入家庭农场的平均流转价格	39	元/亩·年	

（续）

指标名称	代码	单位	数量（万亩）
4. 流转入农民合作社的平均流转价格	40	元/亩·年	
5. 流转入企业的平均流转价格	41	元/亩·年	
（六）主体经营耕地规模情况			
1. 经营面积 50 亩（不含 50 亩）以下的主体数量	42	个	
2. 经营面积 50～100 亩（不含 100 亩）的主体数量	43	个	
3. 经营面积 100～200 亩（不含 200 亩）的主体数量	44	个	
4. 经营面积 200～500 亩（不含 500 亩）的主体数量	45	个	
5. 经营面积 500 亩及以上的主体数量	46	个	
（七）市场建设情况			
1. 是否建有县级产权交易市场或服务中心	47	—	
如有，其在市场流转承包耕地经营权面积	48	亩	
2. 是否有承包耕地经营权流转风险保障金	49	—	
如有，风险保障金余额	50	元	
3. 是否开展承包耕地经营权融资担保	51	—	
如有，承包耕地经营权融资担保余额	52	元	
三、农业社会化服务情况			
1. 农业社会化服务组织数量	53	个	
2. 农业生产托管服务面积	54	亩次	
2-1. 耕	55	亩次	
其中：服务粮食作物面积	56	亩次	
服务小农户的面积	57	亩次	
2-2. 种	58	亩次	
其中：服务粮食作物面积	59	亩次	
服务小农户的面积	60	亩次	
2-3. 防	61	亩次	
其中：服务粮食作物面积	62	亩次	
服务小农户的面积	63	亩次	
2-4. 收	64	亩次	
其中：服务粮食作物面积	65	亩次	

（续）

指标名称	代码	单位	数量（万亩）
服务小农户的面积	66	亩次	
3. 服务小农户数量	67	户	

指标平衡关系：$4＝5＋6＋10＝20＋21＋22＋23＋24＝25＋30＋31＝33＋35＋36$；$6＝7＋8＋9$；$25＝26＋27＋28＋29$；$54＝55＋58＋61＋64$。

联系人：尚旭东　010－59197766。

附件二

家庭农场/专业大户农村土地经营权流转调查问卷

调查员：_____，调查地点：_____县（市、区）_____乡（镇）_____村

受访人年龄_____性别_____，调查时间：_____

1. 您家是不是经过注册登记的家庭农场_____：A 是，B 不是。

1.1 如是，注册登记单位是_____：A 工商部门，B 农业部门，C 其他部门（请注明）_____。

2. 您家当家人年龄_____岁，性别：A 男，B 女；户口：A 农业，B 非农业；身份：A 村干部，B 乡干部，C 群众；社会经历：A 当过兵，B 当过企业管理人员，C 当过老师，D 当过干部，E 曾经外出务工经商 1 年以上；文化水平：A 文盲半文盲，B 小学，C 初中，D 高中，E 大专及以上；2019 年劳动天数：农业_____天，非农业_____天。

3. 家庭人口_____人，其中劳动力_____人（60 岁以上_____人），劳动力中专业务农和以务农为主_____人【60 岁以上_____人，大专及以上_____人，初、高中_____人，小学_____人，文盲半文盲_____人】；以外出打工为主_____人。

4. 家庭农业产值 2015 年_____万元，2016 年_____万元，2017 年_____万元，2018 年_____万元，2019 年_____万元；2019 年家庭纯收入_____万元，其中来自农业的占_____%，外出务工的占_____%，国家财政补贴的占_____%。

5. 您家现在种地共_____亩_____块【最大块_____亩，最小块_____亩，旱地_____亩_____块，水田_____亩_____块】，其中自家承包地_____亩_____块。经营"四荒"地_____亩_____块。

6. 当前家庭土地流转和规模经营情况

年份	经营耕地面积（亩）	年流转面积（亩）	亩均转入价格（元）	当年流转期限多数为几年	临时性雇工		长期性雇工		新增固定资产投入（元）	其中：新增农业机械投入（元）
					人数（人）	日均工资（元）	人数（人）	月均工资（元）		
2019										
2018										
2017										
2016										
2015										

7. 您家在土地流转中遇到的问题有（可多选）＿＿＿＿＿＿＿：A 流转期限太短，B 转入地块地力差，C 流转价格太高，D 流转纠纷增多，E 想包地的太多，F 愿转出的太少，G 缺乏流转信息，H 其他＿＿＿＿＿＿＿。

8. 您认为近年来当地土地流转价格趋势是＿＿＿＿＿＿＿：A 越来越高，B 基本稳定，C 逐年下降。

8.1 若选"A"，您认为主要原因是（按重要程度依次选 3 项）＿＿＿＿＿＿＿：

A 城镇化带动农地增值，B 政府急于推进土地流转或给土地流转补贴，推动价格上涨，

C 高效农业租地价格高，农户攀比要价，D 惠农政策多，农民对农地流转收益期望值过高，E 农地经营效益好，F 工商企业租地越来越多，推动价格上涨，G 其他（请注明）＿＿＿＿＿＿＿。

9. 您认为是否应该对土地流转给予直接财政补贴＿＿＿＿＿＿＿：A 是；B 否。

10. 对土地流转给予直接财政补贴的影响是（可多选）＿＿＿＿＿＿＿：A 促进土地流转，加快土地规模化，B 干扰土地流转市场价格，推动土地流转价格上涨，C 有一定短期效应，但从长期看不利于稳定土地流转，D 其他（请注明）＿＿＿＿＿＿＿＿＿＿＿＿。

11. 去年您家种植面积最大的一种粮食作物是＿＿＿＿＿＿＿：A 小麦，B 玉米，C 早稻，D 晚稻，E 粳稻。

11.1 近年该种粮食作物的种植面积、产量和收益情况：

项目（单位）	2019	2018	2017	2016	2015
面积（亩）					
总产（千克）					
总收入（万元）					
盈利（万元）					

11.2 该种粮食作物 2019 年亩均生产成本

单位：元/亩

种子	化肥	农家肥（折价）	农膜	农药	灌溉用水电	机械租用	固定资产折旧及修理费	人工（包括雇工）	其他费用

12. 随着土地经营规模的扩大，近些年您家粮食亩均单产的变化趋势是（单选）＿＿＿＿＿＿：

A. 持续上升，B. 持续下降，C. 先逐步上升，后有所下降（约＿＿＿＿＿＿亩时开始下降），

D. 始终保持基本不变，E. 先逐步下降，后逐步上升（约＿＿＿＿＿＿亩时开始上升）。

13. 您家土地规模经营面临的主要问题（按重要程度依次选 3 项）＿＿＿＿＿＿：

A. 知识不足，技术跟不上，B. 购买农机投入大，C. 流转土地太分散，集中连片程度低，

D. 管不过来，经营粗放，E. 土地租金太高，F. 雇工难费用高，G. 管理成本太高。

14. 您认为，一块集中连片的耕地达到多少亩时，最适合家庭经营和农机作业＿＿＿＿＿＿：

A. 10～30 亩，B. 30～50 亩，C. 50～100 亩，D. 100～200 亩，E. 200～300 亩，F. 300 亩以上。

15. 您认为，在可以购买使用机械、雇佣短工（但不能长期雇工）就能管理好的条件下，正常年景您这个家庭种粮面积达到多大规模时，粮食亩产会最高＿＿＿＿＿＿：

A. 30～50 亩，B. 50～100 亩，C. 100～200 亩，D. 200～300 亩，E. 300～500亩，F. 500 亩以上。

16. 您家开展土地规模经营是否得到过政府支持或者奖励_____：A. 是，B. 否；若是：

16.1 请列出您家得到过哪些政府支持、奖励（可多选）_____：A. 购买农机优惠，B. 现金补贴，C. 贷款优惠，D. 生产资料和种子补贴，E. 技术服务，F. 仓储设施建设补贴，G. 基础设施建设补助，H. 其他（请列明）_____。

17. 根据您的想法、能力、条件，您家要种植_____亩粮食才能满足收入最大化的愿望。

18. 如果国家不给政策、资金、奖励支持，您家最多只能或只愿意种_____亩粮食。

19. 未来几年您家对粮食生产的打算是_____：A. 继续扩大规模，B. 维持现状，C 逐步缩小规模。

19.1 选"A"的最重要理由是（选 2 项）_____：A. 政策好、有补助，B. 还能降低单位成本，C 还可以提高单产，D. 粮价稳定上升，粮食市场前景好，E. 其他（请列明）_____。

19.2 选"C"的最重要理由是（选 2 项）_____：A. 家庭劳力不足，B. 管理难度大、成本高，C. 雇工难、费用高，D. 流转土地租金高，E. 粮价不稳、风险大，F. 准备转产从事非粮生产，G. 知识不足，技术跟不上，H.（请列明）_____。

20. 您对国家关于现有土地承包关系"长久不变"时间期限的理解是（单选）_____：

A. "永远不变"，B. 有期限，在很长一段时期不变，C. 不知道。

20.1 若选"B"，您认为期限应是：A. 30 年，B. 更长年限。

21. 您对现有土地承包关系"长久不变"基本内涵的理解是（单选）_____：

A. 土地承包制度不变，承包地块可调整，B. 土地承包制度不变，承包地块也不变，

C. 不知道。

22. 您认为现有土地承包关系"长久不变"的起始点是（单选）_____：

A. 一轮承包开始，B. 二轮承包开始，C. 二轮承包结束，D. 不知道。

23. 您认为二轮土地承包到期后是否应该重新调整承包土地_____：A. 是，B. 否。

23.1 若选"A"，理由包括（可多选）_____ _____：

A. 法律规定二轮土地承包期 30 年不变；B. 二轮土地承包以来农村出现了大量的无地人口；C. 农户之间人均占有承包地水平差异较大、矛盾突出；D. 农户承包地块较多、细碎化程度较高，不利于土地流转；E. 部分人口因特殊原因在二轮承包开始时就未获得承包地、要求通过土地调整获得承包地；F. 部分人口因征地变为无地人口、仅得到二轮承包剩余期限内的补偿，社会保障也不健全 G. 原有土地承包存在四至不清、账实不符等问题，需要通过土地调整、确权解决；H. 新开垦土地面积大、占有严重不均；I. 其他（请注明）_____。

23.2 若选"B"，理由包括（可多选）：_____

A. 国家政策已经明确农村土地承包关系要保持稳定并长久不变；

B. 重新调整土地会引起人多地少农户的强烈反对，引发新的矛盾、影响社会稳定；

C. 重新调整土地会影响农民土地经营预期，可能发生土地掠夺经营现象；

D. 多数农户人地数量适宜、不愿改变；E. 重新调整土地会刺激农村人口增长；

F. 其他（请注明）_____。

24. 如果国家统一规定二轮承包到期后不调整土地，后果可能是（单选）_____：

A. 只要中央统一要求不调整土地，农民就会普遍接受；

B. 只有人均占有土地面积较多的农户接受，面积较少的农户不愿接受，但也只能接受；

C. 会引发上访和纠纷现象，影响社会稳定；D. 其他（请注明）_____。

25. 如果统一规定二轮承包到期后可以调整土地，后果可能是（单选）_____：

A. 这是法律规定，也是二轮承包开始时的政策要求，农民能够理解，也会普遍接受；

B. 只有人均占有土地面积较少的农户接受，面积较多的农户不愿接受，但也只能接受；

C. 会出现上访和纠纷，影响社会稳定；D. 其他（请注明）_____。

项目研究取得的阶段性成果概览

项目研究进程中，主持人以"第 1 作者署名"和"通讯作者身份（第 2 作者）"先后在《中国农村观察》《经济学家》《经济问题》《农村经济》《东岳论丛》《当代经济管理》《农业经济》《中国农业资源与区划》等期刊发表论文 22 篇，其中以第 1 作者在 CSSCI 来源期刊（正刊）发表 4 篇，以通讯作者（第 2 作者）发表 6 篇［其中 CSSCI 来源期刊（正刊）3 篇、CSSCI 来源期刊（扩展版、北大中文核心）2 篇、北大中文核心期刊 1 篇］，以第 1 作者身份在其他期刊发表 11 篇，以第 2 作者身份在其他期刊发表 1 篇。项目研究的阶段性成果《二轮土地延包：政策民意印证、问题破解探索与经验惯性风险》得到中央农村工作领导小组办公室副主任吴宏耀同志的肯定性批示。项目研究形成的主要观点和相关成果被采纳到农业农村部 2021 年新修订的《农村土地经营权流转管理办法》（部级规章）中。具体成果详见附表。

附表 课题研究取得的阶段性成果清单

序号	成果名称及形式	作者排序	阶段性成果	年/期/月	成果级别
1	农地流转补贴政策效应分析——基于挤出效应、政府创租和目标偏离视角	尚旭东 朱守银	《中国农村观察》	2017 年第 6 期（12 月）	CSSCI 来源期刊（正刊）北大中文核心期刊
2	国家粮食安全保障的政策供给选择——基于水资源约束视角	尚旭东 朱守银 段晋苑	《经济问题》	2019 年第 12 期（12 月）	CSSCI 来源期刊（正刊）北大中文核心期刊
3	农业产业化联合体：组织创新、组织异化、主体行为扭曲与支持政策取向	尚旭东 叶 云	《农村经济》	2020 年第 3 期（3 月）	CSSCI 来源期刊（正刊）北大中文核心期刊
4	农业产业化联合体组织优化问题研究	尚旭东 吴蓓蓓	《经济学家》	2020 年第 5 期（5 月）	CSSCI 来源期刊（正刊）北大中文核心期刊
5	基层政府主导竞标模式真的有助于农地有序流转?——J 省 J 区观察	耿 宁 尚旭东（通讯）	《农村经济》	2017 年第 8 期（8 月）	CSSCI 来源期刊（正刊）北大中文核心期刊

（续）

序号	成果名称及形式	作者排序	阶段性成果	年/期/月	成果级别
6	有偿抑或无偿：政府补贴、农户分化与农地流转租金	吴学兵 尚旭东 （通讯） 何蒲明	《经济问题》	2021 年第 12 期 （12 月）	CSSCI 来源期刊（正刊） 北大中文核心期刊
7	产权细分、功能让渡与农村土地资本化创新——基于土地"三权分置"视角	耿 宁 尚旭东 （通讯）	《东岳论丛》	2018 年第 4 期 （4 月）	CSSCI 来源期刊（正刊） 北大中文核心期刊
8	家庭农场发展的省域财政支持政策研究*——基于政策文本分析	叶 云 尚旭东 （通讯）	《农业经济》	2019 年第 4 期 （4 月）	北大中文核心期刊
9	产业视角下环京津山区贫困县农业品牌建设路径研究*——以张家口市崇礼区为例	杨 恺 尚旭东 （通讯） 贾志军 陈少飞	《中国农业资源与区划》	2019 年第 4 期 （4 月）	CSSCI 来源期刊（扩展版） 北大中文核心期刊
10	农村土地资本化有助于提升农户的福利水平吗？——基于 PSM 模型的实证研究	耿 宁 尚旭东 （通讯）	《当代经济管理》	2021 年第 10 期 （10 月）	CSSCI 来源期刊（扩展版） 北大中文核心期刊
11	构建现代农业经营体系的组织创新实践：川省观察	尚旭东 崔小年	《农业部管理干部学院学报》	2017 年第 4 期 （12 月）	
12	特色农业的绿色发展实践——"洛川苹果"产业发展成效与挑战	尚旭东 韩 洁	《农业农村部管理干部学院学报》	2018 年第 4 期 （12 月）	
13	调整种植结构 增加农民收入——河南省宝丰县金牛种植专业合作社产业扶贫纪实	尚旭东	《中国农民合作社》	2019 年第 1 期 （1 月）	
14	行业资源整合、生产秩序创设与利益联结强化：农业产业化联合体的成长发育与组织创新优势——基于江西广昌折莲产业化联合体的观察	尚旭东	《中国农民合作社》	2019 年第 7 期 （7 月）	
15	农业产业化联合体：再组织二重维度、交易费用节约与市场势力重塑	尚旭东 王 磊	《中国农民合作社》	2020 年第 1 期 （1 月）	

（续）

序号	成果名称及形式	作者排序	阶段性成果	年/期/月	成果级别
16	带头人才能、产品滞销、预期压力与政策建议——基于兴安盟扎赉特旗鸿德乌鸡养殖孵化合作社的抗疫反馈	尚旭东	《中国农民合作社》	2020 年第 4 期（4 月）	
17	合作社参与农业产业化联合体经营策略：人才输出、技术创新与作用发挥——基于崇仁县山草生态麻鸡专业养殖合作社的观察	尚旭东	《中国农民合作社》	2020 年第 5 期（5 月）	
18	农村双层经营体制与农民合作社：发展嬗变和功能实现	尚旭东 叶 云	《中国农民合作社》	2021 年第 3 期（3 月）	
19	合作领路 特色引路 多业开路——潜山市皖升木本油料作物种植专业合作致富经	尚旭东	《中国农民合作社》	2021 年第 10 期（10 月）	
20	平台型农业产业化联合体：资源要素整合、管理技术创新与成员相互成就——四川省治县代代为本麦冬产业化联合体发展之路	尚旭东 叶 云	《中国农民合作社》	2021 年第 11 期（11 月）	
21	贯彻落实好中央农村工作会议精神 着力推动农业社会化服务行稳致远	尚旭东	《中国农民合作社》	2022 年第 3 期（3 月）	
22	绿色生态导向的产业发展实践——"洛川苹果"产业发展做法与经验	韩 洁 尚旭东	《农业农村部管理干部学院学报》	2018 年第 12 期（12 月）	
23	二轮土地延包：政策民意印证、问题破解探索与经验惯性风险	尚旭东 栾 健 廖洪乐 杨 丽	《农研要报》 中央农办/农业农村部主任/部长要参	2021 年第 24 期	

致　　谢

　　项目研究得到了国家社会科学基金的大力资助。研究报告系2017年国家社会科学基金年度项目（一般项目）"供给侧结构性改革中农地流转政府行为与政策优化研究"（17BZZ026）的结题报告。

　　项目的顺利实施先后得到了主持人两任所在单位"农业农村部管理干部学院（中共农业农村部党校）"和"农业农村部农村经济研究中心"和中国农业科学院科技管理局张江丽同志的大力支持。研究团队成员多次深入四川、江苏、山东、河北、河南、江西、新疆等地调研，为课题的数据采集、案例挖掘、观点形成、计量论证做了很多工作。农业农村部管理干部学院（中共农业农村部党校）二级研究员朱守银，乡村振兴研究中心、农业农村部农村经济研究中心经济体制研究室、农业农村部农村经济研究中心法治建设研究室的多位同事为课题的推进贡献了智慧与汗水。哈尔滨商业大学副教授宋国宇，山东师范大学公共管理学院副教授耿宁，海南医学院管理学院副教授叶云，农业农村部农村经济研究中心二级研究员张照新、副研究员刘俊杰、副研究员谭智心等多位专家、学者对课题研究提出了全方位的宝贵意见。研究报告的撰写从中受益良多。北京市经济与社会发展研究所副研究员李金亚、副研究员王术华，中国农业科学院农业经济与发展研究所副研究员常倩，中国农业大学经济管理学院聂云彬、沈鑫琪、王萌、王欢、张诩等多位博士研究生为课题的调研和数据整理付出了努力。山东省平度市和滕州市，河南省永城市，江苏省姜堰区，江西省南昌县，河南省永城市，四川省崇州市，成都市郫都区、三台县、苍溪县，新疆维吾尔自治区特克斯县、呼图壁县等有关县（市、区）农村办公室及农业农村局、发展和改革委员会、自然资源和规划局等部门、所属乡镇和村集体在调研期间给予了大力支持和深入配合。

课题研究的阶段性成果得到了中央农村工作领导小组办公室副主任吴宏耀的肯定性批示。课题调研和问卷发放得到了农业农村部政策与改革司、农业农村部发展规划司的大力支持，在此对上述领导的关心和帮助表示衷心的感谢。

衷心感谢中共中央党校科研管理部各位老师对项目延期给予的宽容、理解和帮助！真诚感谢农业农村部管理干部学院（中共农业农村部党校）科研管理处和财务处、农业农村部农村经济研究中心科研管理处和财务处、中国农业科学院科技管理局张江丽同志对中期检查、课题延期、结题验收所给予的宽容与大力协助。

衷心感谢项目评审专家中肯的修改意见！

对上述给予课题研究无私帮助的领导、专家、同事和有关单位同志表示由衷的感谢！

尚旭东

2022 年 8 月于东单北京新闻大厦